탈성장을
상상하라

탈성장을 상상하라

성장 신화의 종말과 이후 시대

생태적지혜연구소협동조합 기획

상상하라

남미자 홍덕화 지음

김희룡 조상우

김혜경 전병옥

김현우 이나경

김영준 오민우

공규동 신승철

모시는사람들

　탈성장이라는 말이 회자된 지 채 10년도 되지 않아 현재 많은 뜻있는 시민들에게 탈성장은 필연적으로 받아들여야 할 삶의 원칙이나 생활양식으로 인식되고 있다. 여기서 주의할 점은 탈성장은 수축경제로 향하는 역성장과 다르다는 점이다. 탈성장이 정의로운 전환, 기후정의, 불평등 해소, 기본소득, 공공일자리 등의 색다른 미래진행형적인 과제와 함께하지 않는다면, 의기소침, 결핍, 부족으로만 머무는 역성장과 구별되지 못할 것이다. 그러나 2050탄소중립을 성립시키려면 지금의 경제 수준이나 물질발자국 소모 수준의 1/10 정도로 감축이 이루어져야 한다는 엄혹한 현실 또한 부정할 수는 없다. 더욱이 탈성장은 아직 현실태가 아닌 잠재태이고 우리가 상상력을 최대한 발휘해야 접속이 가능하다.

　이 책은 12인의 저자가 꿈꾸고 고민하고 모색했던 탈성장에 대한 강렬하면서도 참신한 이야기들의 모음이다. 이 책의 내용은 탈성장을 이끌 주체가 누구이며, 어떻게 그것을 달성할 수 있는지는 공백으로 남길 수밖에 없었거나, 아직 도래하지 않은 미래를 끌어다가 현재에 적용하는 지도제작의 방법을 동원하였기 때문에, 어쩌면 너무도 당위에 가깝거나, 윤리를 넘어선 도덕주의/영성주의로 느껴질 여지도 많다. 그럼에도 불구하고 저자들은 '어느 시간, 어느 장소, 우리 중 어느 누군가'라는 꿈 이야기 구조로 자신을 표현할 수밖에 없는 시대적 한계로부터 도약하여 용감하게 운을 떼고, 색다른 주체성을 상상하고, 새로운 전환사회를 말하기를 주저하지 않았다. 특히 한국 사회와 같이 성장만이 선(善)이라고 간주되는 고속성장과 개발독재의 시기를 거쳤던 사회에서는 예외적이고 도전적인 질문을 던지는 것이 바로 탈성장 전환사회로 이행하는 일의 하나라고 할 수 있겠다.

이 책의 서술은 탈성장이라는 하나의 뿌리로부터 다중적이고 다성화음적인 줄기와 잎새, 열매로 생각과 사고실험이 뻗어나가는 녹색 번성의 방법론을 채택한다. 여러 사람이 썼지만 마치 한 명이 쓴 것처럼 일관된 방향성을 유지하며 전환사회로 나아간다. 용감히 썼기 때문에 듬성듬성 넘어간 것도 있고, 도전의식을 갖고 썼기 때문에 '이래야 한다'고 강조하기도 하고, 실험정신으로 썼기 때문에 새로운 용어들이 춤을 추며 향연을 벌이기도 한다. 이처럼 다양한 경로를 취함에도 불구하고, 그 속에 일관성이 느껴진다면, 필자들이 열악한 지구별 생명의 배치에 서서 미래를 향해 탈성장이라는 동적 편성을 획기적으로 전환시키고자 하는 문제의식을 공유했기 때문이다. 그럼 하나하나 이 책의 면모를 살펴보자.

1부 탈성장, 경제와는 비대칭적인 외부

'1부 탈성장과 경제'는 GDP라는 경제적인 척도로만 경제 활동이 평가되는 체제를 떠받치는 여러 경제 관념들, 이를테면 수출주의, 토지와 지대, 빠른 소비주의, 인플레이션, 투기적 금융질서 등을 내파하고, 경제 외적 척도를 개발하기 위하여 기존의 경제 관점을 혁신하고, 전환하려고 시도하고 있다. 그런 점에서 탈성장은 경제 외적이거나 경제적 척도와 비대칭적인 관계 맺기를 기획하고 있다.

먼저 홍덕화 교수의 〈 I. 탈성장은 수출주의 너머에 있다〉는 성장주의의 궤적과 제도적 조건 중 하나로 수출주의를 더 깊이 탐색한다. 최근 탈성장에 관한 논의가 늘어나고 있지만, 가장 심대한 문제로서의 기후위기를 해결하기 위해서 경제성장을 기반으로 한 실업, 일자리, 소득, 고용안전 등의 과제가 또 다시 대두되는 상황에 대하여 전환의 사고는 어떻게 응답하며, 어떤 대안을 제시할까를 고민한 결과물이다.

신승철 소장의 〈 II. 탈성장 전환에서의 토지개혁과 토지공유제)는 탈성장 전환사회로의 이행을 위해서 우선 농업 중심 사회로의 이행과 농 가치로의 대대적인 문명의 전환을 실현한 '우리 중 누군가'가 필요함을 역설한다. 이를 위해 유명무실화된 경자유전 원칙을 넘어서 토지공유제라는 정책으로의 획기적인 이행이 가능한지를 논점으로 꺼내 들고 탐색한다.

김현우 소장의 〈Ⅲ. 의도적 진부화와 의도적 게토화〉에서는 '구매력을 가진 경제 집단이 최신 승용차, 스마트폰, 공기청정기를 구매하지 않게 된다면? 시민 중 3~4%가 의도적으로 적게 소비하고 오래 이용하며 나눠 쓰고 고쳐 쓰는 실천을 한다면?'과 같은 상상력을 자극한다. 이러한 상상은 주류 소비문화로 무장한 시장으로부터 탈동조화되고 탈주하는 순환경제를 통해서 깨어 있는 소비자들을 상상하게 한다.

신승철 소장의 〈Ⅳ. 인플레이션과 탈성장〉은 자본주의의 네 가지 국면, 즉 산업자본주의, 금융자본주의, 인지자본주의, 정동자본주의(=플랫폼자본주의)가 성장주의의 총궐기로서 중층화되면서 성장을 이끌다가 하나의 암초, 즉 인플레이션에 직면했는데, 이것이 노동이 아닌 자본의 양적 완화 이후의 회수 국면, 실물 위기로서의 기후위기와, 금융 과두정의 기후위기에 대한 대응, 우크라이나 전쟁 등의 다측면적인 요인에 따라 어떻게 전개될지 전망하고 분석했다.

신승철 소장이 정리한 〈Ⅴ. 탈성장에서의 사회적 금융의 역할〉은 사회적 금융 모임에서의 논의를 정리한 것으로, 먼저 탈성장 상황에서 청년층의 새로운 변화의 기류, 즉 비혼, 비건, 페미니즘, 필(必)환경 등으로 무장한 청년층의 새로운 탈성장 흐름과 사회적 금융의 대응을 숙의하였고, 기후위기를 넘어 기후 붕괴의 시기로 향하는 와중에 사회적 경제에서 유통되는 사회적 금융의 혁신성과 선도성에 대한 근본적인 질문, 그 과정에서 공동체 신용을 통해서 대응할 여지 등을 논의하였다.

2부 탈성장의 상상력, 사회구성적 실천의 출발점

'2부 탈성장과 사회'는 탈성장 사회가 1960~70년대의 물질 발자국 규모로 줄어드는 상황을 가정한 시나리오적 접근이나, 과잉 에너지에 대한 소모를 기획하고 있는 데팡스의 탈성장 전략과 사회의 와해와 붕괴를 막기 위한 방법으로서의 탈성장 전략들과 자급자족에 기반한 탈성장 전략, 또한 이를 위한 사회적이거나 개인적인 계획과 탈성장의 상상력 등 주로 사회를 둘러싼 전략적 사유를 다루고 있다.

김현우 소장의 〈Ⅰ. 탈성장의 사회상에 대한 역사적 시나리오적 접근〉으로 시작한다. 이 글에서는 네덜란드를 중심으로 발전한 '전환관리' 이론을 참고하여, 과거와 현재의 주요 변수들의 추세를 통해 미래를 예측하는 '포캐스팅'(forecasting)과는 달리 바람직한 미래상을 중심으로 사고하는 '백캐스팅'(backcasting)이라는 기법을 통해 시나리오를 전개하려 했다. 그 과정에서 탈성장은 규범이기도 하고 방법이기도 하고 느낌이기도 하다는 점을 적시하였다.

공규동의 〈Ⅱ. 탈성장, 데팡스와 리추얼의 복원 이야기〉는 탈탄소 사회는 물질적으로 빈곤한 사회일 수밖에 없다는 점을 전제하면서, 현재 규모의 경제는 탄소 감축 목표치와 사회 유지 사이에서 지속적인 감축의 방향으로 진행될 것이라 전망한다. 또 탈성장 사회로의 전환에 대한 바타이유와 한병철의 이야기를 소개하면서, 두 사상가의 해법이 결국 공동체의 회복임을 발견하는 여정을 소개하였다.

신승철 소장의 〈Ⅲ. 탈성장 사회에 대한 비전과 전략〉은 탈성장 전략의 구체적인 항목과 그 항목의 모듈 단위 하나하나의 자기완결적인 이야기 구조와 논증 구조를 소개하면서, 각각의 모자이크 혹은 벌집구조 유형를 이룬 이야기 모듈의 총합이 이룩하는 시너지 효과를 탐색하였다.

조상우의 〈Ⅳ. 탈성장 시대의 자급자족 사회에 대한 전망〉은 성장을 향한 맹신, 진단을 넘어 새로운 방향성을 찾아 나아가 보려 한다. 그 과정에서 지금 우리가 왜 탈성장을 이야기해야 하는지, 왜 지금 당장 탈성장을 위한 사회적 작업이 필요한지 질문 던져본다.

공규동의 〈V. "다시 땅으로" : 탈성장으로 가는 사회와 개인의 과제〉는 탄소 감축 시대가 체제의 변화와 전환을 필연적으로 요청할 것이며, 이는 물질 생산을 인위적으로 줄여야 하는 시대, 즉 탈성장의 상상력을 요청한다는 점을 강조한다. 사회적 과제와 더불어 우리 개인의 과제에 대해서도 계획을 세워야 하며, 은유로서의 소농, 직접 행동으로서의 "다시 땅으로" 운동의 의미를 다시 생각하게 한다.

3부 탈성장, 미래로 돌아가다

'3부 탈성장과 미래세대'는 탈성장에 대한 기술주의적 미래뿐 아니라, 탈성장 모듈 접근을 통한 미래를 겨냥한 계획경제 모델과 탈성장 전환의 미래전략에서의 협동조합운동, 탈성장에 대한 교육방법론과 내용, 그리고 탈성장 시대의 미래세대의 새로운 관계 맺기 방법론과 미래세대가 맞이할 체제전환 이후의 사회생태주의의 전략 등을 다루고 있다.

전병옥 소장의 〈 I. 기술의 가속화와 탈성장 해법〉로 막을 연다. 이 글에서는 성장 논리에 중독된 현재의 경제 시스템은 기후 위기라는 커다란 장벽과 대면하게 되었고, 이 장벽을 넘기 위한 대응 방법이 절실한 상황이라는 점에 새삼스럽게 주목한다. 여기서 기존의 경제관인 탈성장과 녹색성장이 아닌 제3의 실용적인 사다리를 탐색하며, 그 과정에서 '커먼즈 경제'라는, 오래된 담론이지만 구체적인 실행 방법과 결합하면 매우 설득력 있는 경제관을 대안으로 제안한다.

김현우 소장은 〈Ⅱ. 기후위기 대응과 탈성장 모듈 접근〉에서 탈성장 이론과 운동을 모듈로 접근하면 탈성장을 맥락적으로 이해할 수 있고, 각 모듈에 대해서도 생산적인 논의와 제안을 발전시킬 수 있다고 본다. 이에 따라 탈성장론은 공통적으로 등장하는 조건 없는 기본소득, GDP의 대체, 계획적 진부화의 억제와 커먼즈의 확대 등의 각각의 모듈들이 주장하는 기후위기 대응을 위한 참여적 계획 경제와 자립과 민주주의의 확대, 정의로운 전환과 연결되면서 더욱 더 큰 잠재력을 가질 것이라고 본다.

김혜경 위원장은 〈Ⅲ. 탈성장을 위해 협동조합은 무엇을 할까?〉에서 후배 활동가가 '성장'이라는 말을 두고 "거북하게 들린다"고 고백한 것을 소개하며 운을 뗀다. 개발과 성장의 굴레에 갇힌 소비 사회가 유발하는 자원 고갈과 환경 파괴를 생각해 볼때, 자본의 성장 신화를 벗어나 화려하지 않아도 만물이 어우러진 풍요와 번영을 고민한다면, 협동조합은 지금이야말로 탈성장으로의 전환을 모색할 때라고 말한다.

남미자 연구위원은 〈IV. 학교에서 탈성장을 가르칠 수 있을까?〉에서 근대 사회에서 교육은 무엇을 가르치고 배울 것인가와 같은 교육의 방향이나 내용에 대해서는 무관심했으며, 공교육은 성장주의의 토대로, 학교는 경쟁의 장으로 기능해 왔다고 주장한다. 다시 말해 근대교육은 성장주의 및 자본주의를 기반으로 하지만, 교육이 '기존 질서에의 적응'과 더불어 '새로운 질서에 대한 가능성'을 가르쳐야 하기 때문에 새로운 문명으로의 가능성이 교육에서부터 태동할 수 있다고 주장한다.

또 남미자 연구위원은 〈V. 10대의 탈성장 외침, 우리의 '안녕'과 관계의 풍요를 위하여〉에서 얽혀 있는 관계망 속에서 자신을 인식한다는 것은 현재의 내가 어떤 관계들에 의해 실존하고 있는가에 대한 답이라고 본다. 근대 인간이 배제하고 소외시킨 존재들과의 관계 맺기를 통한 자기제작 과정이 가능하며, 이는 자연과 노동의 착취를 토대로 가능했던 성장 이데올로기로부터의 탈출, 곧 탈성장을 존재론적으로 가능하게 한다고 말한다.

김현우 소장은 〈VI. 탈성장, 도덕적 가치를 넘어 현실 대안의 그물망으로〉에서 기후위기 앞에 긴급히 요구되는 체제 전환의 씨앗이 탈성장과 생태사회주의 제안의 결합에 담겨 있다고 보면서, 특히 이러한 결합이 '참여적 계획경제'를 통해서 기후위기 시대의 구체적인 경제계획의 청사진을 만들 수 있다고 주장한다. 이러한 계획경제는 하나의 계급전선 운동이 아닌 벌집구조의 여러 모자이크가 연결된 탈성장 모듈 간의 연결과 연대의 상상력을 드러낼 것이라고 말한다.

4부 탈성장 전환에 최적화된 인간형 되기

'4부 탈성장과 영성'은 탈성장의 예수는 소비적 욕망을 통한 값싼 은총이 아닌 생태적 영성을 통한 욕망의 전환이라는 진정한 은총으로 나아가는 것이라는 점, 탈성장에 최적화된 인간형을 상상하면서 영성적 깨달음을 서술하고, 속도전으로서의 성장이 아닌 사랑과 평화의 영성적 길을 제시하고, 지역화폐를 통해 유통되는 정동과 활력을 인터뷰하고, 동시에 탈성장이 일상으로 구성되는 과정을 예수의 영성적 가르침에서 발견하는 등의 과정을 다룬다.

김희룡 목사의 ⟨ I. 탈성장의 예수⟩로 시작한다. 그는 독일의 신학자 디트리히 본회퍼가 죄로부터의 단절이 아닌 죄책감으로부터의 면책만을 기대하는 위선적 그리스도인들을 향해 "싸구려 은총"을 추구하는 자들이라고 일갈했다는 일화를 소개하면서, 이는 기후위기의 본질이 인간의 과도한 욕망에 있다는 근본 문제를 비껴가며 막연히 과학기술의 발전을 통해 해결책이 나올 것을 기대하는 현대인의 위선을 질책하는 소리일 것이라고 말한다. 그리고 가난과 굶주림과 슬픔과 배척 받음을 복으로, 부유함과 배부름과 즐거움과 칭찬 받음을 재앙으로 선포하는 예수의 사복사화(四福四禍) 설교에서는 소비적 욕망이 아닌 생태적 영성으로, 즉 욕망의 전환을 묵상하게 하는 영성을 엿보아야 할 것이라고 말하였다.

이나경 수녀는 〈II. 탈성장에 최적화된 인간 되어 보기〉에서 탈성장 여정에서 어떤 인간이 되어야 조금 더 적합(?)한 존재가 될 수 있을까를 묻고, 절체절명의 위기에 놓인 지구와 그 안의 생명공동체를 떠올리면서, 지구별 인간으로서 함께했으면 하는 세 가지를 차분하게 제안한다.

오민우 대표는 〈III. 사랑과 평화의 데팡스〉에서 노동력의 재생산 과정의 휴식과 소비가 만족스럽지 못한 구조적 원인이 자본주의의 성장 속도임을 밝히고 탈성장 이론으로서의 데팡스에 관한 탐구를 통해 진정한 휴식과 평화를 찾아보자고 제안하며, 손을 내민다.

신승철 소장은 〈IV. 탈성장 시대의 순환공동체, 한밭레츠를 말하다-한밭레츠 오민우 대표 인터뷰〉에서 기후위기와 함께 탈성장 시대가 본격 개막되었다고 선포하면서, '성장이 아닌 성숙의 경제는 무엇일까?' 질문을 던진다. 지역화폐를 통해 정동, 돌봄, 살림을 재생시키고 순환시키고 되살림으로써 관계의 성숙을 추구하는 공동체인 대전 지역 공동체 한밭레츠와의 만남은 두루라는 화폐에, 돈의 가격이 아닌 서로의 관계가 갖고 있는 활력과 생명 에너지를 담아 벌써 20년째 활발히 유통하고 있는 정동(affect)의 활력을 발견하려 한다.

김영준 변호사는 〈V. 우리 주변에 있는 탈성장〉에서 "탈성장이란 무엇일까?"를 묻고, "나를 구성하는 요소 중에서 경제적 요소와 성장의 요소 이외의 것들을 발견하고 찾아가는 과정이라고 생각한다."라고 답한다. 일상에서 경험할 수 있는 탈성장에 대하여 차분히 얘기하면서, "그러므로 이와 같이, 너희 가운데서 누구라도, 자기 소유를 다 버리지 않으면, 내 제자가 될 수 없다."는 예수님의 말씀 속에서 탈성장을 재발견하였다.

이 책의 이면에는 12명의 저자들이 놓인 판과 배치로서의 생태적지혜연구소협동조합이 있으며, 전면에는 그 판 위에서 웃고 울고 기뻐하고 모색하고 탐구했던 과정이 여과 없이 담겨 있다. 지구별의 아픔과 슬픔 속에서도 절망하지 않고 어깨를 기대며 협동하고 나가자고 다짐했던, 기후위기에 대응하기 위한 결사체인 생태적지혜연구소의 모든 연구원들과 함께 이 책의 출간을 기뻐하면서, 노고에 감사드린다.

2023년 5월
생태적지혜연구소 소장 신승철

차례

탈성장을 상상하라

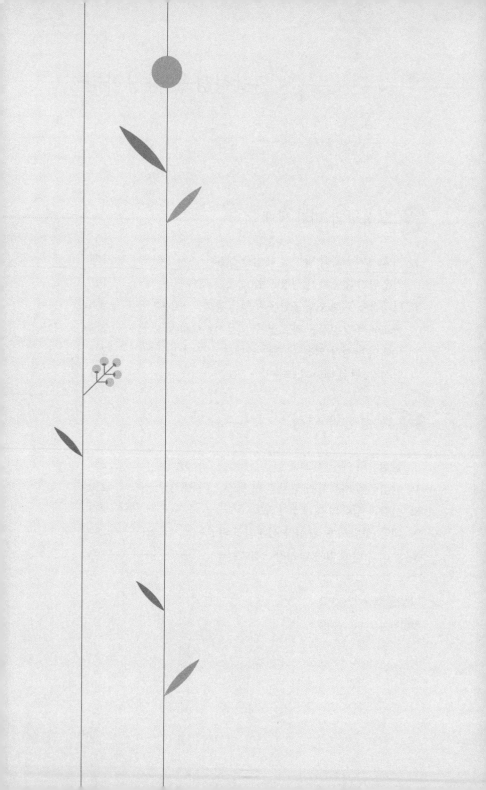

1부

탈성장과 경제

I.
탈성장은
수출주의 너머에
있다*

홍덕화

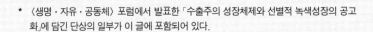

* 〈생명·자유·공동체〉 포럼에서 발표한 「수출주의 성장체제와 선별적 녹색성장의 공고
화」에 담긴 단상의 일부가 이 글에 포함되어 있다.

최근 탈성장에 관한 논의가 늘고 있지만 아직 갈 길이 멀다. 많은 사람들이 우리 사회가 마주한 중요한 문제로 기후위기를 꼽지만, 당장 풀어야 할 문제로 넘어오면 경제성장을 가장 우선시하는 여론조사 결과를 쉽게 접할 수 있다. 실업 해소, 고용 안정, 소득 증대 등 경제성장을 중시하는 이유는 다양하다. 경제성장은 불가피한 것으로 간주되고 그에 대한 비판은 이상주의거나 세상물정을 모르는 것으로 치부된다. 이러한 상황에 탈성장은 어떻게 답해야 할까? 탈성장이 담론 비판, 전환 실험을 넘어서 현실적인 대안으로 자리매김하기 위해서는 성장을 갈구하게 만드는 제도적 조건을 더 깊이 탐색할 필요가 있다.

탈성장을 이야기하지 않고 체제전환(system change)을 말할 수 있을까? 아마 어려울 것이다. 기후정의에 입각하여 1.5℃ 이내로 지구 평균 기온 상승을 억제하기 위해서는 선발 산업국가의 경제성장 자체를 통제하지 않을 수 없다는 주장을 흘려듣지 않는다면 말이다. 최근 탈성장에 관한 논의가 늘면서 탈성장에 대한 오해도 상당 부분 풀리는 듯하다. 탈성장은 단순히 소비주의에 대한 문화적 비판이 아니며 생산이나 물질 흐름의 일률적인 축소를 뜻하지 않는다. 즉 탈성장 사회는 단순히 적게 생산하고 소비하는 사회가 아니라 다르게 생산하고 소비하는 사회이다. 소득과 자산의 공정한 분배, 공적 영역의 확대, 불필요한 노동으로부터의 해방 등 탈성장을 상상하는 길은 폭넓게 열려 있다.

그러나 탈성장의 상상력이 현실을 만나면 많은 이들이 멈칫하게 된다. 탈성장 없는 전환을 상상하기 힘들지만 눈앞의 현실은 탈성장을 어떻게 풀어갈지 막막하게 만든다. 적게 소유해도 풍요로운, 성장 없는 번영을 모색하는 탈성장 운동을 지지하는 이들이 늘고 있지만 탈성장을 몽상으로 치부하는 목소리는 더 크다. 그렇다 보니, '녹색성장'의 유혹이 사라지지 않는다. 새로운 시장을 창출하고 산업을 육성하여 전환을 가속화할 수 있다는 것만큼 달콤한 말이 어디 있겠는가. 녹색 자본주의를 기대하는 이들은 녹록하지 않은 현실을 앞세워 탈동조화(decoupling)의 증거가 불충분하고 부분적이라는 반론에 맞선다. 그리고 기술 혁신과 시장에 대한 낙관주의에서 길을 찾는다.

여기서 따져볼 문제는 녹색 자본주의에 대한 비판이 추상적인 성장주의 비판으로 곧바로 도약하는 것은 아닌가 하는 점이다. 사실 성장주의 비판이 겨냥하는 곳은 다소 모호하다. 자본주의는 영속적인 자본 축적과 확대 재생산을 추구하기 때문에 성장 지향성을 필연적으로 내재한다. 이곳을 출발점으로 하면 성장주의 비판은 자본주의 비판으로 귀결된다. 그러나 성장을 GDP와 같은 경제 지표로 가시화하고 이를 핵심적인 정책 목표로 삼은 것은 20세기 들어서 나타난 현상이다. 여기에 주목하면, 성장주의 비판을 자본주의의 특정 국면을 겨냥한 것으로 볼수도 있다.

한발 더 나아가면, 한국의 성장주의를 어떻게 설명할 것인지의 문제가 제기된다. 역사적, 제도적 매개를 고려하지 않으면, 신자유주의화가 진행되는 상황에서도 한국에서 성장에 대한 열망이 유난히 공고하게 유지되는 이유를 해명할 길이 다소 묘연해진다. 더불어 사회운동으로서 탈성장이 다른 사회운동과 마주치며 전환 정치를 펼쳐 가는 조건과 공간을 탐색하는 문제가남는다. 탈성장이 담론 비판, 전환 실험을 넘어서기 위해 성장주의의 궤적, 제도적 조건을 더 깊이 탐색해야 하는 이유가 여기에 있다.

그렇다면 성장주의 비판의 출발점은 어디일까? 성장주의에대한 생태주의의 비판은 생산과 함께 생산 조건, 재생산의 문제를 제기해 왔다는 점에서 출발하는 게 좋을 듯하다. 이를 위해복지제도 안팎의 요소와 생태환경 조건, 관련 필수재를 제공하는 인프라를 한데 묶어 '생활보장체제'라 이름 붙여 보자. 성장주의 비판이 생산과 재생산 영역을 아우르는 것이라면, 생활보장체제는 탈성장이 발 디딜 곳을 찾을 때 우회할 수 없는 쟁점이라 할 수 있다. 한국에서 성장주의가 공고화된 배경을 추적하는 것 또한 여기에서 출발한다.

수출 주도 성장과 재생산의 저렴화

수출 주도 성장 모델은 경제성장의 동력을 국내 소비보다 수출에 의존한다. 자신이 통제할 수 없는 해외 수요가 경제성장을 좌우하는 만큼, 수출주의는 수출 시장에서 가격경쟁력을 높이는 것을 대단히 중시한다. 기술경쟁력이 낮은 상황에서 매혹적인 출구는 생산과 재생산 비용을 낮추는 것이다. 한국의 수출 주도 성장 모델이 재생산의 저렴화 압력을 강하게 받는 이유다.

재생산의 저렴화는 노동, 돌봄, 복지, 인프라 등 다방면에서 추진되었다. 익숙한 이야기부터 하면, 저렴한 노동(장시간 저임금 노동)은 한국의 수출을 떠받쳐 왔다. 임금 상승은 수출 상품의 가격경쟁력을 저해하는 것으로 간주되었고, 서구와 달리 임금 상승을 통한 내수 확대는 선택지에서 배제되었다. 대신 수출을 통해 고성장을 유지하고 고용기회를 늘리는 방식으로 임금 상승 억제에 대한 반발을 누그러뜨렸다.

또한 국가는 돌봄과 복지 문제를 가족과 개인에게 전가함으로써 노동력 재생산 비용 지출을 줄이고, 수출을 위한 생산적 투자에 자원을 집중시키는 전략을 적극적으로 추진했다. 그 결과 보편적 복지를 위한 공적 지출을 억제하는 대신 특정 집단을 대상으로 한 사회보험을 선별적으로 도입하고, 이를 점진적으로 확대하는 방향으로 복지제도가 발전했다. 선별적 (저)복지의 공백을 채우기 위해 오랫동안 가족과 개인은 분투해야 했고, 그 과정에서 사회적 위험에 대응하기 위한 사적 자산 축적 경쟁이 가열되었다.[*]

환경운동이 오랜 시간 씨름해 온 개발 사업 역시 저렴한 인프라의 시각에서 재조명할 수 있다. 한국은 주요 자원을 수입에 의존했던 만큼, 천연자원을 저렴하게 수출하는 전략을 적극적으로 펼 수 없었다. 대신 정부는 에너지, 물, 운송 등 인프라 비용을 가능한 한 낮추는 방식으로 수출 가격경쟁력을 확보하고자 했다. 이 과정에서 개발 공기업은 인프라를 신속하게 건설하

---

[*] 수출주의 성장체제와 복지체제의 관계에 관한 조금 더 자세한 논의는 아래의 글을 보라. 박찬종, 「포스트 세계화 시대 한국의 수출주의 성장체제: 복지체제에의 함의」, 『사회와이론』 39, 2021.

고 가격 통제력을 강화하는 수단으로 유용하게 쓰였다. 복지 대체 수단의 시각에서 토건사업을 다시 보는 것도 유용하다.* 인프라 투자의 일환으로서 토건사업은 건설경기를 부양하고 일자리를 창출하는 만큼 복지 정책의 수요를 줄이는 효과를 냈다. 나아가 저렴한 인프라는 이용 접근성을 높이고 비용 부담을 줄여 그 자체로 복지 대체 효과를 발휘했다고 볼 수 있다. 낮은 세금과 재정 지출 제한은 지속적으로 국가 재정을 투입해야 하는 사회복지정책보다 일회적 지출의 성격이 큰 토건사업을 선호하게 했다. 아울러 사적 자산 축적 경쟁이 심화하는 상황에서 토건사업이 부동산 개발 이익을 늘리는 계기였다는 점을 기억할 필요가 있다.

탈성장 = 생활보장체제의 재구축?

수출 주도 경제성장을 거치면서 저렴한 노동, 선별적 (저)복지, 저렴한 인프라는 일상생활을 지탱해 주는 생활보장체제의 중심축으로 자리 잡았다. 그리고 생활보장체제의 근간은 정권

---

* 복지대체수단에 관한 논의는 다음의 글을 참고할 것. 김도균, 「발전국가와 복지대체수단의 발달: 한국과 일본 비교 연구」, 『경제와사회』 124, 2019.

교체와 경제위기가 반복되는 상황에서도 크게 흔들리지 않았다. 달리 말하면, 불안정 고용이 늘고 생활보장의 안정성이 흔들렸지만 대안적 복지 체제로의 이행은 일어나지 않았다. 2000년대 이후 몇몇 산업의 수출 대기업은 성공 가도를 달렸지만 대다수의 중소기업은 쇠락해 갔다. 고수출-고성장-고투자-고용 창출의 순환 고리는 깨졌고, 산업 및 기업 간 격차는 갈수록 확대되었다. 고용-임금의 양극화가 심화되었음은 물론이다. 경제위기가 심화한 만큼 복지정책이 확대되었지만 역진적 선별성은 해소되지 않았다.* 사회보험 중심의 복지 제도는 급여 수준이 낮은 비정규직 노동자를 아우르기에 역부족일 때가 많았고, 결과적으로 광범위한 복지 사각지대를 만들었다.

성장주의의 신화가 깨지지 않는 단서를 여기서 찾을 수 있다. 이데올로기로서 한국의 성장주의는 총량적인 성장 지표와 성장 기반으로서 수출을 매우 중시한다.** 수출 주도형 산업화 과정에서 수출 실적과 경제성장률, 국민소득 증가는 상징 정치의 수단

---

* 복지정책의 역진적 선별성에 관한 자세한 설명은 다음의 글을 볼 것. 윤홍식, 『한국 복지국가의 기원과 궤적 3: 신자유주의와 복지국가 - 1980년부터 2016년까지』, 사회평론, 2019.
** 지주형, 「한국의 성장주의: 기원, 궤적, 구조」 『인문논총』 56, 2021. 이 글은 한국의 성장주의를 전체적으로 조망하는 데 도움이 된다.

으로 폭넓게 활용되었다. 1990년 후반부터 신자유주의화가 본격화하면서 성장주의가 약속한 미래는 흔들리기 시작했다. 수출이 늘고 경제성장이 지속되었지만 고성장-저복지 교환을 통해 사회재생산을 유지하는 것은 난항을 겪었다. 그러나 대안적인 생활보장체제는 싹을 틔우지 못했다. 비정규직, 영세자영업자 등 사회보험의 사각지대는 사라지지 않았고 사적 자산 축적과 가족주의에 기반해 생활보장의 안정성을 확보할 수 있는 계층의 범위는 제한되었다.

이와 같은 상황에서 기댈 곳은 익숙한 길인 수출을 통한 경제성장이었다. 그렇게 2000년대 이후에도 경제성장률, 국민소득은 단골 선거공약으로 등장했고, 수출경쟁력 강화, (새로운) 수출산업 육성에 대한 정책적, 사회적 집착은 사그라지지 않았다. 토건사업을 통한 건설경기 활성화와 고용 창출, 그리고 대규모 국책 사업 추진 역시 반복되었다. 토건사업을 통한 경기부양과 일자리 창출 효과는 단기적이었지만, 사회서비스 확대와 달리 정부 재정의 지속적인 확대를 요구하지 않는다는 장점이 있었다. 저렴한 인프라의 문제를 풀기 위한 가격 현실화가 마주한 벽도 높을 수밖에 없었는데, 저렴한 인프라에 대한 수출 기업의 요구가 지속되었을 뿐만 아니라 그것의 복지대체효과를 상쇄할 수 있는 방안이 제한되었기 때문이다.

탈성장이 체제전환을 모색한다면 수출주의와 연동된 생활보장체제는 우회할 수 없는 쟁점이다. 녹색 일자리 창출을 표방하지만 탄소중립·녹색성장의 실상은 수출 경쟁력 강화를 명분으로 수출 산업, 수출 대기업을 선별적으로 지원하는 정책에 가깝다. 이와 같은 맥락에서 보면, 정의로운 전환과 일자리 보장이 수사로 남고 석탄화력발전 퇴출이 유예되는 것은 당연한 수순이다. 사회적 반발을 이유로 저렴한 인프라의 문제를 우회하고 경기 활성화와 지역 불균등 발전 해소를 내건 대규모 토건사업이 반복되는 것 또한 연관된 현상으로 볼 수 있다. 이는 수출주의에서 벗어난 생활보장체제를 구축하지 못하는 한 전환 정책이 선별적인 녹색성장으로 귀결될 가능성이 높다는 점을 시사한다. 달리 말하면, 탈성장은 대안적인 생활보장체제를 구축하는 실천들과 긴밀하게 연결될 때 현실에 깊게 뿌리를 내릴 수 있다. 성장주의가 발 딛고 서 있는 조건을 면밀하게 파헤치면서 탈성장운동과 새로운 길을 내려는 움직임들이 더 넓게 어우러질 때, 탈성장은 예시적 실천을 넘어 체제전환으로 가는 돌파구를 찾을 수 있을 것이다.

II.
탈성장 전환에서의
토지개혁과
토지공유제*

신승철

* 『요산문화축전』(2022 봄).

탈성장 전환사회를 위해서는 농업 중심 사회로의 이행과 수많은 농(農) 가치를 실현하는 사람들이 필요하다. 이를 위해 유명무실화되고 있는 '경자유전' 원칙을 넘어 '토지공유제'라는 획기적인 정책으로 이행을 논의하기 시작해야 한다.

공유지로서의 토지

한국 사회에서 지난해(2022) 초까지 벌어진 부동산 가격의 무지막지한 상승은 모든 사람을 얼어붙게 만들었다. 거기에는 하룻밤 새에 몇천이 올랐다느니, 한 달 새에 몇억이 올랐다느니 하면서 선망하고 부러워하는 성장주의, 개발주의적 맥락 하에서의 상대적 빈곤과 불평등, 불공정의 현실에 기반한 일상의 편린도 개재해 있었다. 또한 '영끌'을 해서라도 부동산 시장의 막차를 타보려고 하는 청년세대의 피눈물 나는 노력도 있었다. 다른 한편으로는 권력을 가지고 지대이득에 적극적으로 참여하는

"조물주 위에 건물주"라는 이름의 기득권자들의 모습도 있었다.

당시 저성장 시대가 개막되었는데도, 부동산 가격의 상승과 공공개발의 부수적인 이득은 눈덩이와 같이 커지는 이변이 연출되고 있다. 이는 사회 부정의와 불평등, 빈부 양극화, 계급 갈등 등의 문제를 남겼다. 부동산은 사회계급의 상승을 위한 위치재(位置財, Positional Goods)로 자리 잡았고, 이를 가진 자와 못 가진 자의 격차는 날이 갈수록 커지고 있는 상황이다.

그러나 부동산이라고 지칭되는 건물이나 토지는 자연의 일부이다. 헝가리 경제학자 칼 폴라니(Karl Polanyi)는『거대한 전환』(The Great Transformation)에서 이렇게 말한다.

> 토지는 인간의 삶에 안정성을 가져다준다. 토지는 인간의 삶의 터전이며, 그의 육체적 안전의 조건이며, 계절도 아름다운 경치도 모두 거기에 담겨 있다. 토지가 없이 삶을 영위한다는 말은 차라리 손발 없이 세상에 태어난다고 상상하는 것보다 더 황당한 일이다. 그런데 토지를 인간에서 떼어내고 사회 전체를 부동산 시장의 작동 조건을 충족하는 방식으로 조직하는 것이야말

로 시장경제라는 유토피아적 아이디어의 절대적 핵심이다.[*]

인류 역사에서 토지는 인간 문화의 번영과 삶의 양식의 형성에 결정적인 역할을 했다. 반면 현대인은 토지로부터 소외되어 상실감과 무력감의 나날을 보내고 있다. 토지를 잃은 사람은 뿌리내림의 장소성으로부터 내쫓긴 고향 잃은 사람이자 무의식 수준에서 고아인 자로서의 현대인이다. 이는 자본주의가 성립하면서 자연으로부터 인간을 분리시킨 결과 나타난 현상이며, 이를 칼 폴라니는 자본주의 성립기에 정착된 허구 상품이라 지목한다. 폴라니는 허구 상품으로서 노동, 토지, 화폐라는 세 가지 개념을 얘기한다. 인간의 노동이 생명 활동으로부터 분리되어 임금이 될 수 없다는 점에서, 자연으로부터 토지가 분리되어 지대가 될 수 없다는 점에서, 미래의 구매력으로부터 화폐가 분리되어 이자가 될 수 없다는 점에서 허구 상품이라는 것이다. 이 중에서도 특히 토지는 만인을 위한 공동 자원(commons)[**]으로

---

[*] 칼 폴라니, 홍기빈 옮김, 『거대한 전환』, 길, 2009, 465쪽.
[**] commons(커먼즈) : 공유지, 공동자원, 공통장 등으로 번역할 수 있다. 커먼즈 개념의 사용되게 된 시작점은 자본주의 이전부터라고 할 수 있지만, 특히 인클로저라는 자본의 시초축적 상황에 맞선 공동체의 공유자산으로서 삼림, 하천, 갯벌, 우물 등을 보존하기 위한 저항운동과 긴밀히 관련되어 있다.

서 이제까지 인간사회와 공동체에게 다양한 도움을 주어 왔기 때문에, 이를 부동산 시장을 통해 사고팔면서 사적 소유의 형태로 전유하는 것은 문명 전반을 '사탄의 멧돌'(Satanic mills)과도 같은 '자기조정시장*'에 갈아 넣는 결과를 낳는다.

커먼즈로서의 자연과 대지는 어떤 이득을 주었는가? 이와 관련된 역사적 사건은 1215년 6월 15일에 영국의 존 왕 시기의 〈마그나카르타 선언〉(the Great Charter of Freedoms)이 공표되는 것으로부터 시작된다. 마그나카르타 선언은 삼림헌장(森林憲章)** 이후에 전쟁 과부에게 삼림의 공유권을 부여하면서 커먼즈로서의 역사적 면모를 보여주었다. 그러나 산업혁명 초기에 목축산업의 기초가 되는 양을 키우기 위한 울타리 치기, 즉 인클로저(encloser) 운동이 시작되면서 커먼즈에 대한 사유화가 진행되었다. 이 과정에서 커먼즈로서의 대지에서 싹텄던 생태적 지혜는 파괴되었고, 마녀사냥에 따라 여성들이 공유지로부터 분리되었다. 피터라인 보우는 『마그나카르타 선언』이라는 책에서 커먼즈

---

* 자기조정시장은 칼 폴라니가 창안한 개념 중 하나로서 시장 자체가 사회를 조정할 수 있는 능력을 갖고 있기 때문에, "국가가 없어져도 시장은 존재한다"라는 얘기와도 통한다. 폴라니는 이러한 자기조정시장을 사탄의 멧돌에 비유한다.
** the Charter of the Forest, 마그나카르타 선언과 짝을 이루는 선언으로, 숲을 커먼즈(공유지)로 개방하는 내용을 규정하였다. 즉 왕의 배타적 놀이터였던 숲에서 민중들이 땔감용 나무를 얻고, 초지에 가축을 방목하며, 과일을 수확할 권리 등을 포괄적으로 규정한 것이다.

로서의 대지가 얼마나 생태적 지혜로 가득했는지를 설명한다.

땅이 없는 노동자 가족들은 종획[encloser운동-필자 주]에 반대했
다. 그들은 땔감을 모았고 추수 이후에 이삭을 주웠으며 아이들
은 나무 열매를 줍고 딸기 등을 따고 까마귀들을 쫓아냈으며 너
도밤나무 열매 수확철에는 돼지들을 돌보았고 양을 지켰으며
양털을 모았다. … 커머너들은 박하로부터 멘톨을 추출하였고
디기탈리스에서 디기탈리스 제제를 추출하였으며 버드나무 껍
질에서 아스피린을 추출하였다.*

여기서 커먼즈는 공동이용(sharing)의 원리보다는 공동소유
(commoning)의 원리에 따라 공동의 규칙을 공유하고 공동 관리
하던 공유지라고 할 수 있다. 그런 점에서 하딘이 얘기하는 이
른바 '공유지의 비극'(Tragedy of the commons), 즉 공유지를 개인
이 자유롭게 공동 이용하는 경우 결국 남용으로 이어져 황무지
화된다는 이론과도 차이가 있다. 동시에 공동체 소유로서의 공
유(共有)와 공공의 소유로서의 공유(公有), 시장의 소유로서의 사

* 피터 라인보우, 『마그나카르타 선언』, 갈무리, 2012, 136~137쪽.

유(私有)를 구분하여 바라볼 필요도 있다. 공유(公有)는 국가 소유로서의 사회주의 사상에 따른 개념으로서 엄밀한 의미에서 공동체의 자율적인 규칙 하에 있는 공유(共有) 질서에 따르는 개념인 커먼즈와는 다르다. 그런 점에서 토지공유제와 토지공개념도 현격한 차이가 있다. 자기조정시장으로서의 사유(私有)의 폐해가 창궐하고 남용이 판칠 때 국유화를 통해서 문제를 해결하고자 하는 정책적 시도가 있을 수 있지만, 이는 오히려 공동체의 자율성을 현격히 부정하는 결과를 낳고 결국 커먼즈로서의 대지의 중요 기능인 인류 재건의 측면을 약화시킬 위험이 있다. 특히 국가 소유로서의 공유(公有)의 폐해는 사회주의 국가의 모습이 산업 사회와도, 또 성장주의와도 전혀 다르지 않다는 점에서 결정적으로 보여주었으며, 관료제 지층(官僚制 地層)의 사적 소유의 또 다른 버전이었다는 점은 시사하는 바가 크다.

커먼즈로서의 대지의 해택은 이루 말할 수 없이 크다. 또한 커먼즈로서의 대지에서의 균형과 조화, 다양성의 원리는 사회와 정치를 새롭게 구성하는 원리를 배태(胚胎)하고 산생(産生)할 수도 있다. 여기서 우리는 파블로 솔렌 등이 얘기했던 남미 안데스 원주민 공동체의 생태적 지혜인 '비비르 비엔' 개념에 주목할 필요가 있다.

비비르 비엔은 아직 확실히 정립되지 않은 개념이다. 많은 과정을 거쳐서 논의되어 왔지만 아직 하나로 정의된 바는 없으며, 지금도 많은 논쟁이 이루어지고 있다. … 비비르 비엔 개념은 20세기 말~21세기 초에 등장하여 이론화되기 시작했다. 아마도 신자유주의의 광폭한 영향이나 워싱턴 컨센서스가 없었더라면 수마 카마나와 수막 카우사이는 결코 비비르 비엔이라는 개념을 새롭게 탄생시키지 않았을 것이다. 소련식 사회주의의 실패와 대안 패러다임의 부재, 민영화의 진전과 자연의 많은 영역이 상품화됨으로써 이루어진 자본주의적 근대화로 인해, 오랫동안 폄하되었던 원주민의 실천과 전망에서 다시 배워야 한다는 각성이 일어난 것이다."[*]

탈성장과 지대 상승의 관계

코로나19의 급습은 팬데믹 사태로 진행되었고, 이에 따라 전 세계적으로 만연한 경기 불황을 회피하기 위하여 각국 정부는 대대적으로 자금을 푸는 양적 완화를 감행했다. 주식과 부동산

---

[*] 파블로 솔론 외, 『다른 세상을 위한 7가지 대안』, 협동조합착한책가게, 2018, 18~19쪽.

은 날이 갈수록 가격이 인상되었고, 자산 보유자들이 뜻밖의 불로소득을 구가하면서 K자 형 성장곡선이 나타났다. 한편으로 양적 완화에 따라 시중에 돈이 많이 풀리니 돈의 가격이 떨어지는 유동성 과잉 현상이 생겼고, 원자재 가격이 급격히 상승하면서 품귀현상이 지속되었다. 금리가 낮아지면서 돈이 투자될 곳을 찾지 못했고, 결국 종착지는 부동산이었다. 부동산 가격 폭등은 인플레이션을 유발하지만, 현상적으로는 자본을 가진 자와 못 가진 자의 격차로 인해서 불평등과 사회 부정의 문제로 연출되었다.

여기서 가추법(abduction)*에 따라 양적 완화에 의한 의도적 인플레이션이 유발하는 효과를 설명한다면 어떨까? 의도적 인플레이션은 구매력을 증가시키지만, 실물 원자재나 상품의 가격을 높인다. 이에 따라 상품 가격 상승으로 인한 내핍과 희생이 유발하는 탈성장을 상상해 볼 여지도 있다. 물론 한국 사회를 주권의 테두리로 이루어진 이론적 진공상태로 본다면 그렇게 생각해 볼 수도 있다. 그러나 국제자유무역에 따라 실물 상품 가격 하락이 지속되고 제3세계에 대한 약탈이 지속되는 한 하나

---

* 가설추리(假說推理). 오류의 위험을 감수하고 가설을 세워서 해석을 하는 것. 불확실하다는 단점이 있으나 빠르고 유용하다는 장점이 있다.

의 주권국가에서의 원자재 가격 상승으로 탈성장을 생각할 여지는 없다. 그렇기 때문에 돈의 가치의 하락(인플레이션)과 대량으로 돈을 찍어내는 양적 완화 정책은 코로나19 사태의 해결책으로 부상하였지만, 오히려 탈성장이 아니라 성장을 부추기는 소비 진작으로 향하는 것이라고 할 수 있다. 물론 인류학적으로 볼 때 화폐가 너무도 많아서 폐총을 만들 정도면서도 다른 한편에서는 버젓이 조개껍데기 화폐가 유통되었던 경험도 있다. 그러나 불행히도 이러한 인류학적 상황에서 탈성장과 같은 시스템이 작동했다는 증거는 없다. 전통적인 탈성장의 입장에서는 화폐가 너무 많은 상황은 탈성장과 거리가 멀다. 전통적인 탈성장 입장은 검소, 소박, 검약, 유한성에 기반한 도덕적인 원리에 입각하여 있기 때문이다.

최근 물건 가격을 천정부지로 높이고 화폐를 대대적으로 푸는 방식으로 그린뉴딜이나 기본소득과 같은 대안적인 시스템을 제시했던 이론이 부상하고 있다. 이를 현대화폐이론(MMT: Modern Monetary Theory)이라고 부른다. 국가의 경제정책은 재정정책과 화폐정책 두 가지로 분류된다. 재정정책은 세입과 세출을 제로섬 게임으로 만드는 것을 목표로 한다. 재정정책에서는 너무 흑자가 나지도 않고 적자가 나지도 않도록 상황을 통제하려 한다. 재정정책은 칼 폴라니가 얘기했던 '모아서 나누는' 국가의 역할을 그대로 따른다. 반면 통화정책은 정부가 돈을 찍어서 은행을 거쳐 기업과 시민에게 공급하는 형태를 띤다. 그러나 은행을 거치기 때문에 이자와 금리를 부여하는 방식의 부채통화라고 할 수 있다. 다시 말해서 돈을 찍어서 빚을 부풀리는 정책이 부채통화이다. 부채통화에서는 금리나 돈을 빌릴 자격 등이 시민에게 문턱으로 자리 잡고 있기 때문에, 시민들이 접근하기 어렵고 기업에게는 저금리를 보장하기 때문에 돈이 돈을 버는 자본의 자기가치증식을 용이하게 한다.

그러나 MMT는 부채통화처럼 은행을 거쳐 화폐를 푸는 것이 아니라 국가가 직접 화폐를 찍어 시민들에게 나누는 것이다. 이를 주권통화라고 한다. 다시 말해 국가가 돈을 찍어 기본소득과 공공일자리의 재원을 직접 마련하는 것이다. MMT는 자본이나 부동산을 보유한 사람에게 유리한 화폐 질서가 아니라, 시민자산으로 직접 쓰일 수 있는 화폐 질서를 구상한 것이라는 점에서 대안운동 세력의 여러 가지 상상력을 자극했다. 특히 노동소득의 영역이 축소되고 있는 첨단기술사회에서 일자리와 소득의 재원을 마련하기 위해서는 MMT와 같은 혁신적인 안이 필요하다는 입장이 제출된다.

MMT의 자금조달 방안은 화폐 창조가 국가의 주권적 특권이라는 입장을 출발점으로 삼는다. 이 관점은 상업 은행이 개인과 기업에게 대출을 할 때 화폐가 창조되는 현행의 체제와 대조를 이룬다. MMT에 따르면 정부는 화폐를 창조하는 특권을 행사하여 적자의 자금을 조달하여 일자리를 창조할 수 있다. 그리고 케인즈주의 이론의 승수효과에 따라 경제 활동이 연쇄적으로 일어나므로 늘어난 조세 수입이 애초의 적자를 감당한다. MMT는 또 다른 분석틀에 근거하여 일자리 보장 프로그램에 의해 초래된 적자는 경제의 민간 무역 부문과 대외 무역 부문의 흑자에 의해서 상쇄되기 때문에 지속가능하다고 주장한다.[*]

그러나 MMT의 문제점은, 화폐를 무한정 찍어서 나누어 줄 때 실물 가격, 그중에서도 특히 부동산 가격이 가파르게 상승한다는 점이다. 첨단기술사회에서의 일자리와 소득의 문제를 해결하기 위한 MMT의 문제 설정은 참신하지만, 통화의 증가가 부동산 가격 상승으로 이어진다는 점이 맹점이다. 기본소득을 받은 만큼 임대료 등 주거비용이 높아질 수 있는 것이다. 부동산에 대한 대대적인 규제와 세금 부과가 없다면, MMT 자체는 해법이

---

[*] 제프 크로커, 『기본소득과 주권화폐』, 미래를소유한사람들, 2021, 71쪽.

될 수 없다. 돈의 가격을 하락시킴으로써 원자재와 상품의 가격을 높이는 인플레이션을 통한 탈성장은 사회라는 복잡계 속에서 그대로 적용될 수 없는 가설로만 만족해야 할 것이다.

기후변화는 경제와 사회에 막대한 리스크(risk)가 가해지는 것을 의미한다. 이에 대한 반응 양상의 하나로 위치 이동이나 자리바꿈으로 만족하는 수동적 전환(transition)을 생각할 수 있다. 반면에 체제와 시스템 전반을 바꾸는 능동적 전환(transformation)도 생각할 수 있다. 예컨대 수동적 전환 프로그램으로 인플레이션을 의도적으로 유발하여 막대한 사회 부정의와 불평등, 빈곤 등을 유발하고 부동산 가격을 천정부지로 오르게 하는 정책이 있을 수 있다. 능동적 전환의 프로그램으로 불평등과 사회 부정의를 해결하기 위해서 부동산과 불로소득 등을 강력하게 규제하고 세금부과와 더불어 기본소득제도 도입 등을 통한 해법이 있을 수 있다. 그러나 능동적 전환과 수동적 전환은 한꺼번에 찾아온다.

수동적 전환은 이미 진행 중이다. 금리 인하와 화폐를 무한 공급하는 양적 완화가 그것이다. 그러나 잘 살펴보면 이러한 상황에는 어떤 사회적 맥락이 자리 잡고 있다. 현존 자본주의 문명이 미래세대에 대한 투자전망인 이자(interest)가 아닌 단기투기적인 지대(rents)로 이득의 원천을 이동시키고 있다는 사회적 맥락이 그것이다. 다시 말해 금리가 너무 싸기 때문에 이자 이득이 아닌 부동산이나 주식 등을 통해서 이득을 취득하려는 지대 투자가 자리 잡는 것이다. 이는 미래세대를 포기하고 현 세대의 찰나의 이득에 연연하면서 사실상 기후위기 시대의 세대 간 불평등을 해결하지 못하는 한계를 노정한다. 수동적 전환의 상황에서 가진 자들은 더욱 더 부를 축적하고, 미래세대, 사회적 약자, 소수자들은 사회의 벼랑 끝으로 내몰리는 결과를 낳는다. 그 핵심 부위에 부동산이 자리 잡고 있다. 결국 미래세대는 부동산 취득의 전망을 갖지 못할 것이다. 이는 자본이 없기 때문이기도 하지만, 자본 자체가 미래세대를 고려하지 않기 때문이기도 하다. 이러한 상황에서 능동적 전환의 상상력은 어디로부터 나올 수 있을까? 이는 가난과 토지공유제에 대한 생각으로부터 시작할 수 있다. 이탈리아 정치철학자 안토니오 네그리(Antonio Negri)는 프란체스코 성인을 사례로 들며 다음과 같이 말한다.

결정적인 것은 가난의 긍정과 소유에 대한 비판이 궁핍이나 금욕이 아니라 풍요라고 생각한다는 점이다. 프란체스코는 '우수스 파우퍼'(usus pauper; 가난한 사용), 즉 재화에 대한 절제되고 제한된 사용을 제안하면서 다음의 성서 구절을 급진적으로 해석한다. "믿는 자들의 다중이 한마음 한 뜻이었다. 그가 가진 물건 중 어느 것도 자기 것이라고 말하는 이가 없었으며, 그들은 모든 물건을 공동으로 가졌다."(『사도행전』 4장 32절) 물질적 측면에서 가난을 풍부한 것으로 긍정하는 것과 사적 소유를 전복하자는 권고는 우리의 협동적 생산능력이 가진 가치와 정치적 힘을 강조한다. '우수스 파우퍼'에는 공유된 부가 풍요롭다는 생각과 공통적인 것의 잠재적 구성에 대한 예감이 있다.[*]

네그리의 언급처럼 가난은 소유에 대한 반역이며, 커먼즈의 잠재력에 대한 개방이다. 탈성장은 화폐의 풍요로부터 오지 않을 것이다. 오히려 불온한 '더불어 가난', '함께 가난' 속에서의 커먼즈 운동으로부터 올 것이다. 이에 따라 토지공유제라는 하나의 단상이 설립된다.

정동자본주의에서의 이윤의 지대화 현상

현재의 자본주의는 산업자본주의 - 금융자본주의 - 인지자

---

[*] 안토니오 네그리, 『어셈블리』, 알렙, 2020, 131쪽.

본주의를 거쳐 정동자본주의 단계에 다다랐다. 정동자본주의 (affective capitalism)는 플랫폼에서 웃고 울고 즐기고 향유하다 보면 그 이득은 모두 플랫폼이 가져가는 시스템이다. 그런 점에서 정동자본주의는 플랫폼자본주의(platform capitalism)라고 불린다. 여기서 정동(affect)은 전(前) 개체적인 생명력과 활력, 힘의 흐름을 의미한다. 정동자본주의에서는 활력 정동이 생성되는 곳에 권력과 자본이 동시에 발생하며, 그렇기 때문에 활력 자체가 주는 돈과 권력을 탐닉하면서 관심 받고 추앙받기 원하는 인플루언서라는 개인들을 만들어낸다. 대표적인 플랫폼 기업인 구글, 넷플릭스, 유튜브, 아마존 중에서도 구글의 경우에는 막대한 빅데이터를 다루기 때문에 부동산기업으로서 성공한 케이스이기도 하다. 정동자본주의에서 플랫폼은 정동이 뛰어놀 수 있는 마당의 역할을 하는 판과 구도이다. 이는 부동산 기업이 갖고 있는 삶의 잉여가치의 마당과 판을 장악하려는 의도와 정확히 일치한다.

정동자본주의 이전 인지자본주의 단계에서는 컴퓨팅에 기반한 '의미화 = 코드화 = 상품화 = 자본화'의 다소 합리적인 유형의 약탈의 질서가 구축되었다. 이른바 코드의 잉여가치(surplus of code)가 핵심적인 착취와 추출의 메커니즘인 것이 인지자본주의였다. 코드의 잉여가치는 ① 1세계와 3세계의 분리 차별,

② 오픈소스, 다중지성, 집단지성과 생태적 지혜에 대한 약탈, ③ 젠트리피케이션, ④ 대기업의 골목상권 진출, ⑤ 플랫폼자본주의 등으로 나타났다. 다시 말해서 정동의 흐름에 코드(code)를 부여하고 추출함으로써 자신의 소유물로 만드는 것을 의미한다. 여기서 주목할 부분이 젠트리피케이션(Gentrification) 영역에서의 지대 추출의 방식인데, 도시 재생과 마을 만들기, 도시 재정비 등이 활성화되는 과정에서 이와 상관없는 임대업자의 지대 이득만 높아지는 상황을 의미한다. 코드의 잉여가치 단계에서 자본은 정동의 사건이 발생되는 현장에 있는 것이 아니라, 정동의 외부에서 그 부수효과를 탐닉하며 약탈하고 추출하는 입장이었다.

그러나 정동자본주의는 플랫폼에서의 모방과 따라하기 등에 따라 인지부조화를 보이며, 빅데이터에 기반한 인공지능에 따라 작동한다. 문제는 정동자본주의에서 '이윤의 지대화'의 경향이 커졌다는 점이다. 결국 기후위기 시대에 미래 전망을 상실한 자본에게는 '이윤의 지대화'가 단기이득만을 추구하는 상황이거나 생존을 위한 위치재라는 의미가 있지만, 정동자본주의 내적 논리에 따르면 정동의 흐름 자체를 만들어낼 마당이자 판으로서의 플랫폼을 깔겠다는 의도라고 할 수 있다. 이제 코드의 잉여가치가 아닌 흐름의 잉여가치(surplus of flux)가 핵심적인 작동

원리가 된다. 흐름의 잉여가치는 정동의 흐름 자체가 권력이자 자본이기 때문에, 흐름이 형성되는 판의 주도권을 자본이 가지려는 상황을 의미한다. 원래 흐름의 잉여가치는 대안운동 세력의 것이었지만, 플랫폼은 버젓이 공동체와 유사한 판을 깔면서 영업을 하기 시작한다.

정동자본주의 단계에서는 인지자본주의처럼 외부에 있으면서 정동의 흐름에서 활력을 추출하고 채굴하는 모습이 아니라, 정동의 흐름 자체의 판을 까는 것으로 자본의 모습이 바뀐다. 생산 과정은 커먼즈에 기반한 집단적인 정동의 발휘 영역이 되고, 자본은 여기에 기생하면서 판과 마당을 제공하는 자로 존재하게 된다. 그 판에는 가상현실의 플랫폼도 포함되지만, 토지와 부동산도 포함된다. 여기서 이윤의 영역은 지대차익이라는 생산 외적 속성을 갖는 것으로 바뀐다. 이는 정동 자체가 노동도 아니고 생산 활동도 아니지만 핵심적인 변수가 됨을 의미한다. 여기에 대해서 이항우는 마이클 하트를 인용하면서 다음과 같이 말한다.

그러나 자본은 여전히 재산 소유권을 토대로 공통재 생산에서 창출된 가치에 대한 통제권을 행사하고 지대 형태로 그것을 몰수한다. 즉 "지대는 자본과 공통적인 것 사이의 갈등에 대처하는 하나의 메커니즘"(Hardt, 2010:9)인 것이다. 하트는 자본주의적 수익의 지배적 형태가 이전에는 지대로부터 이윤으로 이동했지만, 오늘날에는 이윤에서 지대로의 정반대 운동이 일어나고 있다고 보며, 금융이 이러한 '이윤의 지대되기' 경향을 보여주는 대표 영역이라고 주장한다.[*]

정동자본주의에는 외부가 없다. 이윤은 지대화되어 토지 가격과 부동산 가격, 가상플랫폼의 지대 차익, 메타버스의 가상공간 부동산 가격 등으로 나타난다. 이는 성장주의가 도달할 수 있는 최대치를 보여주며, 정동의 흐름의 판을 지대화하는 방식으로 승부를 걸 수밖에 없다는 점을 의미한다. 동시에 기후위기 상황에서 미래세대에 대한 전망을 상실한 자본이 기성세대와 결탁하여 '부자 아빠 가난한 자녀'라는 형상의 세대 간 차별을 조장한 결과이기도 하다. 문제는 정동자본주의 하에서는 정동이라는 활력과 생명력이 발휘되는 판을 자본이 장악하고 있기 때문에, 그 판 위에서 엄청난 활력과 생명력을 발휘하는 인간 군상의 모습을 통해 어찌 되었건 지대로서의 이윤은 안정적으

---

[*] 이항우, 『정동 자본주의와 자유노동의 보상』, 한울엠플러스(주), 2017, 28쪽.

로 보장된다는 점에 있다.

  정동자본주의 하에서의 부동산 가격의 상승은 이미 예고되어 있었던 자본주의의 퇴행적인 모습과 결합된다. 겉으로는 "4차 산업혁명이다, 디지털뉴딜이다" 하며 첨단기술 발전에 입각한 최신의 자본주의로의 이행처럼 홍보했지만, 사실상 돈이 되는 영역은 오직 부동산이라는 점을 모든 사람이 알 수밖에 없는 '이윤의 지대화' 현상이 지배적인 양상이 된 것이 정동자본주의의 실상이다. 첨단기술사회에서 기계류의 성장에 도움이 되는 모든 정동과 욕망, 비물질적 노동 등에 대한 보상의 문제가 기본소득으로 제기되는 것은 당연하지만, 이에 앞서 첨단기술사회 자체의 '이윤의 지대화' 현상에 대해 정면으로 문제제기하지 않고서는 성장주의, 개발주의, 토건주의의 퇴행적 모습은 반복될 수밖에 없다.

  문제는, '이윤의 지대화'에 편승한 정동자본주의의 신개발주의 붐이 단기이득을 탐하는 자본의 퇴행적인 모습을 보여주고 있다는 것이다. 이렇게 해서는 기후위기에 대해 변변히 대응할 수조차 없다. 첨단기술사회인 정동자본주의의 개막은 오히려 신공항, 도로 건설, 아파트 단지 건설, 신도시 건설 등으로 전통적인 토건세력이 득세하는 상황을 낳았다. 그러나 이러한 부동산 이득에 대한 자본의 탐닉에도 불구하고 시시각각 다가오는 기후위기 상황은 지금의 삶의 유형과 제도, 시스템을 유지한다면 인류 공멸로 향할 수도 있다는 위기감을 불러일으킨다. 그런 점에서 정동자본주의 '이윤의 지대화'의 양상은 기후정의의 문제를 제기하게 만든다.

아이폰은 캘리포니아에서 세상에서 가장 비싼 창조적 노동으로 '디자인'되어 중국의 폭스콘 공장에서 세상에서 가장 싼 노동으로 '조립'되어 비싼 값에 팔려 나간다. 실리콘밸리의 창조계급에게 돌아가는 높은 가치는 '노동자들의 무덤'으로 불리는 폭스콘의 열악한 저임금 노동과 교환된 것이다. 창조든, 조립이든, 인간 노동이 가해지기 전의 재료들은 어디서 와서 어디로 가는가? 이 놀라운 기술은 콜탄이 매장된 우간다의 숲에서 시작되어, 마지막은 인도나 아프리카의 빈민촌에서 분해되어 끝난다. 그 시작과 끝에는 항상 여성과 아동에 대한 폭력과 범죄, 불법적 강제 노동과 인권유린이 존재한다. '창조경제'나 '문화산업', '비물질 자본주의'를 선도하는 고부가가치 하이테크 상품들의 경로는 대체로 이와 비슷하다.[*]

* 기후정의포럼, 『기후정의선언 2021』, 한티재, 2021, 32쪽.

첨단기술사회는 제3세계에 대한 약탈 위에서 성립하며, 제1세계의 비물질화나 정동자본주의로의 이행은 사실상 제3세계로 공장을 떠넘기고 추출과 채굴경제를 작동시킨 탈동조화 (decoupling)의 이득을 누리는 것에 불과하다. 이는 첨단기술사회로서의 정동자본주의가 철저히 이윤의 지대화를 통해서 단기적인 이득만을 추구하는 투기자본으로 전락해 있으며, 인류 문명의 지속가능성과 기후정의에는 관심이 없다는 점을 의미한다.

전환 시점에서의 토지개혁의 쟁점

개발주의와 성장주의는 대한민국 헌법 121조 '경자유전(耕者有田)의 원칙'을 호시탐탐 유명무실화하려고 기도하는 중이다. 물론 경자유전은 최소한의 원칙으로서 성장주의를 제어할 기본 요건이라는 점에서 반드시 유지해야 한다. 그러나 커먼즈로서의 토지를 구성하는 데는 일정한 변화와 보완이 필요한 시점이다. 토지개혁은 일제강점기를 경유하여 남한의 '유상몰수 유상분배 원칙'과 북한의 '무상몰수 무상분배 원칙' 사이에서 커다란 논쟁을 불러일으켰다. 남북한 모두 국가 주도의 토지개혁을 실행했으며, 그 과정에서 커먼즈로서의 토지공유 운동 같은 영역이 만들어질 여지가 없어지고 말았다. 해방 전후에 협동조합 중심의 토지공유 운동과 같은 아래로부터의 일부 움직임이 있었으나 국가 주도의 토지개혁은 이를 말살하고 제거해 버렸다. 이러한 한계 속에서도 그나마 경자유전의 원칙은 농민이 토지를 보유할 수 있는 기본원칙이 되었다.

탈성장 전환사회로의 이행은 농업 중심 사회로의 재편을 의미한다. 이때 커먼즈로서의 농지는 그 핵심 기반이 될 수 있다. 농민이 갖고 있는 토지에 대한 애정과 정동(affect), 돌봄, 살림의 발현이 토지를 소유했기 때문에 생긴다는 것은 근대적인 문제 설정에 매몰된 인식의 결과일 뿐이다. 소작농과 같이 땅을 빌려서 농사짓는 사람들도 대부분 대지에 대한 돌봄과 살림, 정성의 손길을 여전히 베풀기 때문이다. 그런 점에서 진정한 경자유전은 땅을 일구고 돌보는 사람의 권리를 존중하고 인정하는 데서부터 시작해야 할 것이다. 그렇기 때문에 커먼즈 기반의 대지에 대한 권리는 개발주의자들이 무력화하고 있는 경자유전의 원칙을 넘어서 실질적인 농업 종사자들의 토지에 대한 권리를 실효성 있게 보장하는 방법이라고 할 수 있다.

이에 대한 힌트를 제공하는 것이 영국에서 시작한 내셔널트러스트운동이다. 한국에서도 내셔널트러스트운동이 이미 90년대에 그린벨트의 유명무실화에 저항하면서 싹트기 시작하여, 강화 매화마름 군락지, 동강 제장마을, 연천 DMZ 일원 임야, 원홍이 방죽 두꺼비 서식지, 영주 내성천 범람원, 맹산 반딧불이자 연학교, 함평 군유산 임야, 임진강 두루미 서식지 등을 시민자산으로 만드는 데 성공했다.

〈한국에서의 내셔널트러스트운동〉

공유화 정신이 잘 실현되었던 우리나라에서도 '내셔널트러스트'와 동일한 전통적인 가치관이 존재하였습니다. 관습법상의 '동유재산'이 바로 그러한 제도입니다. 동유재산은 지역 공동체의 운명과 함께하는 자연환경[예:공동으로 이용하는 어장(漁場), 목장(牧場), 송산(松山) 등]을 공동체 모두의 소유로 관리하고 운영하는 제도입니다. 즉 동유재산은 자손만대의 생존을 위해 꼭 필요한 것으로, 미래 세대를 위해 현재 세대에게 신탁된 것입니다. 이러한 이유로 공동체의 구성원 모두가 동의하였더라도 처분이나 매각할 수 없는 지위를 지니고 있습니다. 관습법의 지위가 인정되지 않는 지금, 시민운동인 내셔널트러스트운동을 통해 전통적 가치를 복원하고 미래 세대를 위해 물려주어야 할 자연·문화유산의 확보를 위해 노력하고 있습니다.(한국내셔널트러스트 홈페이지)

한국 전통에서 동유재산 혹은 총유(總有)는 문중자산을 의미하며, 공동의 관리와 공동의 규칙에 따라 운영되어 온 관습법을 형성하고 있다. 이는 커먼즈로서의 토지공유제에 대한 역사적인 상상력을 발동시킨다. 그러한 한국 전통을 잘 살리고 계승한다면 커먼즈 운동의 획기적인 역사적 맥락화도 가능할 것이다. 사회 곳곳에서 일어나고 있는 시민자산화 운동이나 사회연대은행, 소셜펀딩 등의 현대적인 움직임도 토지공유제와 결합하여 함께 작동할 여지가 있다.

내셔널트러스트운동은 문화유산이나 자연환경에 대해 보존의 입장에서 커먼즈의 정신을 만들어냄으로써, 경자유전에 기반한 토지에 대한 소유 기반 제도에 대해서도 전환의 계기가 되었다. 이러한 내셔널트러스트운동에 영향을 받아 원주와 괴산 등지에서 '농지살림운동'이 일어났다. 이는 한살림생활협동조합의 주도로, 늘어가는 고령 농업 은퇴자와 귀농귀촌한 젊은 사람들을 연결하는, 농지출자와 공익신탁 지정을 통한 커먼즈로서의 농지 되살림운동이다.* 다시 말해 더 이상 농사일을 지속하기 어려운 고령 농업은퇴자가 자신의 농지를 경작할 수 있는 귀농귀촌 청년들에게 불하하기 위한 선한 의지를 발휘하려고 할

---

* 한살림생활협동조합 블로그.

때, 공익농지신탁을 통해서 이를 성사시키는 것이다. 이것이야 말로 경자유전을 현대화한 새로운 커먼즈 운동이라고 할 수 있다. 이는 국가주도로 이루어진 토지개혁이 아니라, 아래로부터의 자율적인 움직임에 따른 토지개혁이라고 할 수 있다. 그러나 토지 가격의 상승은 상상을 초월하는 수준에서 이루어졌고, 이는 양적 완화와 정동자본주의 개막 등에 영향을 받은 '이윤의 지대화'의 경향으로 나타난 것이라고 할 수 있다. 이에 따라 농지살림과 같은 새로운 커먼즈로서의 토지공유제운동의 움직임은 약화될 수밖에 없게 되었다.

토지와 주택 등 부동산 가격의 상승은 토지공유운동을 약화시키는 결과를 낳을 수밖에 없다. 그래서 청년들이 소작농으로 농촌에 들어와 땅을 기름지게 만들고 경관을 정리하고, 흙을 고르게 만들고 집을 수리하는 활동을 하면, 다시 그 땅을 회수해버리고 지대를 높게 책정하는 상황이 비일비재하게 벌어지고 있다. 그런 점에서 농촌에서 젊은이들이 공동화(空洞化)하는 문제의 대책을 수립하겠다는 지자체와 정부의 슬로건이 현실화되려면 소작농의 토지권이 보장되어야 한다. 이를 위해 전제되어야 할 것이 토지공유제를 통해 기초자산을 농촌의 청년층에게 이전하는 일이다. 이를 제도화하기 위해서는 공공영역에서 토지를 매입하고 공동체, 협동조합을 위탁관리기관으로 만들어 토지공익신탁을 제도화해야 한다. 기초자산 개념은 농민 기본 소득의 포스트 담론이 될 것이다. 토마 피게티(Thomas Piketty)의 『21세기 자본』(글항아리, 2014)의 주장처럼 자본 소득과 노동 소득의 격차가 속도와 양적 측면에서 현격히 벌어진 상황에서 불평등을 극복하는 일은 기본소득만으로는 부족하고 기초자산 제도가 더 절실히 요구된다. 그리고 이러한 요구를 사적 소유 형태의 기초자산이 아니라, 토지공유제를 통한 기초자산으로 사유를 넓혀 본다면 도입하지 못할 것도 없는 제도이다. 농촌으로 청년층이 유입되도록 하기 위해서 청년주택을 짓는다, 결혼자금을 준다 등의 부수적인 정책을 펴는 것에 머무는 것이 아니라, 토지공유제를 위한 기본적인 제도와 시스템을 정비해야 하는 시점이다.

탈성장 전환사회와 토지공유제의 전망

유대 전통에는 5년마다 한 번씩 자신이 가진 모든 부와 자산을 나누는 희년(禧年)이라는 행사가 있었다. 율법에서 정해 놓은 제도이기 때문에 자기 자산과 부에 대한 집착으로부터 자유로워지는 계기가 되었을 것이라고 짐작할 수 있다. 그러나 그러한 재분배와 정의를 실현하는 율법 자체를 바리새파 등의 교회

세력이 독점하게 되면서 희년은 유명무실화되었다. 이러한 상황에서 혁명가 예수는 교회 바깥에서 민중과 함께 오병이어 기적(五餅二魚奇蹟)을 실현한다. 이는 희년을 매순간 계속해 나가야 한다는 혁명적인 메시지를 던지는 행동이었다. 이것이 교회 세력이 그토록 예수를 증오할 수밖에 없는 이유가 된다. 경자유전의 원칙 또한 마찬가지이다. 경자유전 원칙은 누가 농업에 종사하는가의 여부와 무관하게 개발주의자들에 의해서 유명무실화된 채 제도의 골격만 앙상하게 남아 있다. 경자유전의 원칙은 낡은 것이 되었지만, 역설적이게도 개발주의에 대한 최후의 심리적 마지노선으로서의 역할도 하고 있다. 경자유전의 원칙은 사유(私有)에 기반한 토지정책의 한계를 노정하고 있다. 우리는 이제 경자유전 원칙에서 토지공유제라는 정책으로의 이행을 논의해야 할 시점에 서 있다. 토지의 권리를 창조주의 권리라고 보면서 희년을 옹호했던 헨리 조지(Henry George)는 다음과 같이 말한다.

토지사유제에 대하여 무슨 변명의 말을 하더라도 정의의 관점에서 보자면 그 제도가 옹호될 수 없다는 게 분명해진다. 모든 사람이 평등한 토지 사용권을 가져야 한다는 것은 모든 사람이 똑같이 공기를 숨 쉴 권리를 가져야 하는 것처럼 명확하다. 그것은 그 사람들이 존재한다는 사실 그 자체로 선언된 권리인 것이다. 우리가, 어떤 사람들은 이 세상에 존재할 권리가 있다는데, 다른 사람들은 권리가 없다고 말하는 건 말이 안 되는 얘기인 까닭이다. 우리 모두가 창조주의 공평한 허가에 의해 여기에 오게 된 것이라면, 우리 모두는 하느님의 선물을 공평하게 즐길 수 있고, 또 자연이 그처럼 공평무사하게 제공한 모든 것을 공평하게 사용할 권리가 있다.[*]

커먼즈로서의 토지의 권리를 되찾기 위해서는 일단 상상력이 필요하다. 가장 유력한 방식은 각급의 협동조합 중심으로 공익토지신탁과 출자를 통해서 토지공유제를 시민과 농민의 자율적인 힘으로 만들어내는 것이다. 이를 위해서는 크라우드펀딩이나 시민자산화를 위한 시민펀드, 도농교류은행 설립 등의 섬세한 방식을 동원한 노력이 필요하다. 물론 이의 실행과 관리는 협동조합 등이 맡아야 할 것이다. 우리에게는 토지공유제를 위한 더 많은 상상력이 필요하다. 탈성장 전환사회에서 농업 중심의 사회로의 이행과 수많은 농(農) 가치를 실현하는 사람들이 필

[*] 헨리 조지, 『진보와 빈곤』, ㈜현대지성, 2019, 351~352쪽.

요한 시점이다. 오래된 미래의 약속인 희년의 기억을 되살려냈던 헨리 조지를 넘어서, 오병이어의 기적을 만들었던 혁명가 예수의 실천을 통해 상상력을 발휘해야 할지도 모르겠다.

III.
의도적 진부화와
의도적 게토화*

김현우

* 생태적지혜(2022.1.10 https://ecosophialab.com/).

녹색성장, 녹색자본주의 또는 더 넓은 범주로 '생태적 현대화' 이론과 관념에 공통적인 것은 성장을 하면서도 환경을 지킬 수 있다는 생각이다. 오류를 야기한 체르노빌의 핵기술이 아니라 더 정교하게 개발되고 관리되는 현대화된 친환경 기술, 그리고 환경오염에 적절한 가격을 부여함으로써 기업과 소비자가 자발적으로 환경을 보호하도록 하는 시장을 활용하면 된다는 생각이다. 이런 아이디어를 지탱하는 중요한 개념이 '탈동조화'(de-coupling)이다. 탈동조화란 경제 성장의 긍정적 효과와 부정적 외부 효과가 동조화되지 않는 현상을 말한다. 산업과 생태 사이의 관계와 관련해서 보면, 경제성장률에 비해 상대적으로 자원을 덜 소비하거나 환경에 부담을 덜 미치게 하는 원리나 효과가 있다는 것이다. 정확한 근거가 있는 건 아니지만, 대체로 일인당 국민소득이 2만~3만 달러에 이르면 탈동조화가 일어나는 경향이 있다고 한다.

하지만 탈동조화의 실체는 대체로 논박 당하고 있다. 국지적으로 또는 한정된 시간 동안은 탈동조화가 관찰되기도 하지만, 시간과 공간을 넓혀서 보면 그것을 인정할 만한 논거가 부족하다는 것이다. 유럽과 미국의 오염 산업은 중국과 제3세계로 옮겨졌을 테고, 지금은 효율이 향상되고 오염이 줄어든 것처럼 보여도 부담은 미래세대와 미래의 지구로 전가되었을지 모른다. 물론, 핵심은 상대적 탈동조화 정도가 아니라 지구의 행성적 한계를 넘어서지 않을 절대적 탈동조화 또는 절대적 유지와 감축이 필요하다는 것이다. 지금의 자본주의 시장은 탈동조화와 절대적 감축 모두를 보장하기는커녕 상황을 더욱 악화시키고 있다.

끝없는 확장을 요구하는 자본주의 시장과 이윤을 위한 경쟁이 낳는 폐해 중 대표적인 현상 또는 전략이 '의도적 진부화'(planned obsolescence)이다. 계획적 진부화일 수도 있고 노후화일 수도 있다. 이는 1920년대 전구 회사들의 담합이나 제너럴 모터스의 알프레드 슬론의 경영 기법으로 잘 알려져 있다. 의도적으로 제품 수명을 제한하거나 수리를 불가능하게 하여 불가피하게 수요를 창출하거나 광고를 통해 과시적 소비를 유도하는 것 등이다. 경영학과 마케팅 연구에서 다뤄지기도 하고, 애플이 집단 소송을 당한 것처럼, 기업들이 은밀하게 기획하여 치밀하게 구사하는 전략이기도 하지만 자본주의 시장의 내재적 속성이기도 하다.

탈동조화는 없었다

대표적인 탈성장 이론가 세르주 라투슈(Serge Latouche)의 『낭비 사회를 넘어서』는 이런 의도적 진부화를 통렬하게 고발한 책으로 널리 읽혔다. 그는 의도적 진부화가 단지 자원 소비를 부추길 뿐 아니라 사회 전체로 퍼져나가는 문화적 병리 현상이라고 이해했다. 인간이 소비를 할 때만 존엄과 가치를 확인하게 되는 본말전도를 극명히 보여준다는 것이다. 또는 제이슨 무어와 라즈 파텔이 『저렴한 것들의 세계사』에서 말한, 어떤 것들은 의도적으로 저렴하게 하고 어떤 것들은 체계적으로 희소하게 만드는 동(動)학은 자본주의의 생태적 그물망을 짜는 중요한 원리이다. 의도적 진부화는 기후위기의 원인과 해법 모두를 알려주는 단면이기도 하다. 제이슨 히켈(Jason Hickel)은 『적을수록 풍요롭다』에서 2010~2019년 사이에 IT 기업들이 총 130억 개의 스마트폰을 팔았는데, 그 10년 동안 이미 100억 개의 스마트폰이 버려졌다고 말한다. 매년 1억 5천만 대의 아직 쓸 만한 컴퓨터가 버려져서 제3세계의 야외 쓰레기장으로 향한다. 물론 스마트폰과 컴퓨터 모두, 판매조차 되지 않고 폐기되는 의도적으로 진부화된 제품들이 몇 개인지는 짐작하기조차 어렵다. 이런 제품을 만들기 위해 희토류를 포함한 천연자원, 화석 에너지, 그리고 노동력이 투입되었다. 반대로, 만약 세탁기와 스마트폰을 지금보다 네 배 오래 쓸 수 있게 된다면 우리는 자원을 1/4만 이용해도 되며, 온실가스 배출도 그만큼 줄어들 것이다. 물론 우리의 행복과 안녕이 줄어들지 않고 더 나아지면서도 말이다.

그래서 히켈은 '포스트 자본주의 세계'로 가는 길의 첫 단계로 '의도적 진부화 끝내기'를 꼽고, 두 번째 단계로 '광고 줄이기'를 말한다. 프랑스 파리의 안 이달고 시장이 재선에 도전하면서 2020년 6월 '파리를 위한 선언'이라는 선거 정책에서 디지털 광고판 퇴출을 포함한 것과도 맥이 닿는다. 프랑스는 2015년에 '진부화 방지 프로그램'을 법제화하여 제조업체가 의무적으로 제품의 예상 수명, 지원 방법, 재활용 가능성을 공지하도록 하고 위반 시에 징역 또는 벌금을 부과하기도 했다. 이는 최근 유럽과 미국의 '수리할 권리'(right to repair) 입법 운동으로 확산되고 있고, 한국 대선에서 심상정 후보도 이런 내용의 공약을 밝혔다.

한번 진지하게 생각해 보자. 구매력을 갖고 시장 흐름을 좌우할 능력이 있는 경제 집단이 최신 승용차, 스마트폰, 공기청정기를 구매하지 않게 된다면 어떤 일이 일어날까? 절대로 안 사는 것이 아니라 최신품이 출시된 후 바로 구매하지 않고 6개월 또는 1년을 기다려 구매하게 된다면? 아마도 시장이 급속히 얼어붙고 관련 주가가 폭락할지도 모른다. 그만큼 기업과 거기서 일하는 노동자들도 위험을 느끼게 될지 모른다. 그러나 다른 한편, 안달복달하며 소비를 자극하는 광고의 매력도 줄어들 것이고 결국 자원과 에너지 소비도 줄어들게 될 것이다. 나아가서, 어떤 용도와 내구성을 지닌 제품을 어떤 공정으로 얼마만큼 만들어 판매 또는 분배할 것인가 하는 문제가 정부와 시민, 기업 대표들이 모인 위원회에서 심각하게 논의되어야 할지도 모른다. 말하자면 참여적 계획경제 같은 게 작동되어야 할 것이다. 행성의 한계 앞에, 탄소예산의 시간표 앞에서, 이런 구상조차 하지 못한다면 과연 2050년 탄소제로가 가능할까?

그러나 결국 문제는 차분한 연구나 제안으로 의미 있는 변화가 시작되기는 어렵다는 것이다. 시민의 일정 숫자, 아마도 3~4%가 적극적인 행동을 하는 모습이 보이지 않는다면 정부, 언론, 제도 모두 호응하기란 기대하기 어렵다. 결국 행동의 티핑 포인트를 만들어야 하는데, 의도적 진부화에 대응하는 작은 반란, 어쩌면 자발적인 게토화의 실천이 필요할 수도 있다. 의도적으로 적게 소비하고 오래 이용하며 나눠 쓰고 고쳐 쓰는 실천 말이다. 이렇게 말하고 보면 그게 뭐 새롭거나 대단하겠느냐는 생각이 들 텐데, 실제로 엄청나거나 새로운 일은 아니다. 그런 자발적 반란에 나선 사람들은 이미 많이 있기 때문이다. 다만 우리는 그들을 다시 만나고 우리의 의식적 반란과 게토화를 시작해야 할 따름이다.

스스로 고쳐쓸 수 있는 권리를

독일의 볼프강 M. 헤클은 『리페어 컬처』에서 자신이 수영장 펌프를 고치려 악전고투했던 경험부터 시작하여, 의도적 진부화의 세상을 어떻게 간파하게 되었는지, 그리고 자신이 어떻게 '수리 덕후'가 되었는지를 생생하게 알려준다. 헤클은 수리할 권리 같은 제도적 해법에도 기대를 걸지만, "나를 둘러싼 사물을 대하는 태도가 곧 인간으로서의 나를 말해준다"는 말로 이 자발적 실천이 갖는 커다란 철학적 의미를 요약한다. 일찍이 "자전거로 충분하다"는 메시지를 전한 이반 일리치, 물레를 돌리는 행동으로 적정기술 운동의 한 기원이 된 마하트마 간디는 기후 위기 시대에 다시 소환되어야 할 이들이다.

일본 기자 사이토 겐이치가 『전기 없이 우아하게』에서 보여준 행동과 철학은 어떤가? 그는 후쿠시마 사고 이후에도 교훈을 얻지 못한 일본 사회에 대해 통탄하다가, 자기 집의 계약 전력을 5암페어로 낮추고 초절전 생활을 시작한다. 처음에는 힘들었지만 생활에서 꼭 필요치 않은 가전제품들을 하나씩 줄이고 요령을 익히면서 그는 우아할 정도는 아니어도 살 만한, 나름 재미있는 삶을 꾸려가게 된다. 그리고 그가 말미에 강조하는 것은 자신이 어떤 영웅이나 초인적인 모범을 보이고자 한 게 아니라, 작은 선택의 변화가 더 큰 인식과 행동의 변화로 이어질 수 있다는 것을 알려주고 싶었다는 것이다.

그렇다면 결국 소비자 행동, 소비자 계몽이 답인가? 개인용 텀블러를 지참하고 절전형 멀티탭을 쓰는 것으로는 절대로 기후위기를 막을 수 없다는 것도 분명하지 않은가? 해법은 결국 지구와 국가 그리고 지역이 '살림'의 원리를 체득하고 구현하는 데에 있다. 이를 돕는 여러 제도들이 필요할 테고 시스템으로는 순환 경제를 지향해야 할 것이다. 그러나 시작은 주류적 소비문화와 시장으로부터의 소비자의 작은, 상대적인 탈동조화인 게 오히려 자연스러울 것이다.

여기에 의도적 진부화를 거부하는 유쾌한 반란자들의 역할이 있다. 다만, 너무 독보적이거나 고립적이어서도 안 될 테고, 너무 자족적이거나 '선지자'스러워도 곤란하겠다. 많은 존재가 많은 방법으로 의도적 진부화를 거부하고, 할 수 있는 수리와 순환을 시작하되, 그것의 의미를 시도 때도 없이 서로 알리고 공유하며 개선해 나가는 것, 그리하여 우리 실천의 도넛들을 서로 키우고 서로 엮이게 하는 것, 의도적 계토를 넘어서는 영토를 만들고 확장해 가는 것, 그런 느낌과 용기까지 공유하는 것이 아닐까.

IV.
인플레이션과 탈성장*

신승철

* 『문화과학』(2022.10.30).

인플레이션 개괄

최근(2022 하반기) 물가 인상 상황은 급박한 위험신호를 보내고 있다. 자재값 상승은 처음으로 건설 현장을 멈추게 했고, 식료품 가격 중에서 최후의 마지노선이라고 할 라면값도 인상될 정도로 먹거리를 비롯해 자재 및 원료 가격의 전반적인 인상이 진행되고 있다. 자본주의는 주기적으로 인플레이션을 동반했으며, 이는 통화주의 하의 화폐 순환과정에서는 더 거시적인 지표를 통해서 드러났다. 독일 철학자 칼 마르크스는 인플레이션 국면과 노동가치를 연결시키면서 임금 인상 요인을 무력화하기 위한 자본의 전략적인 조치라고도 보았다. 케인즈는 대공황 상황에서 유효 수요로서 '노동자=소비자'라는 주체를 바라봄으로써 그 특유의 '내부상점모델'과 승수효과(하나의 변화가 몇 배의 효과를 일으키는 것)를 통해서 뉴딜정책이라는 거대계획을 구상하기에 이르렀다. 그러나 이러한 양적 완화로서의 거대계획, 거대

프로그램으로서의 통화주의 정책 역시 다시 자본의 회수 국면으로서의 이자율 상승을 초래할 수밖에 없다는 점에서, 자본주의의 불안정성에 연동된 인플레이션을 피해 가지는 못한다.

이 글을 쓰는 필자는 경제학이 아닌 생태철학을 전공했기 때문에, 경제용어를 자유자재로 구사할 수 없지만, 최근 인플레이션 상황에서는 생활인이자 시민으로서 문제제기를 하면서 그 이유를 규명하려고 노력했다. 인플레이션의 원인에 대한 여러 가지 진단 중에서 칼 마르크스나 케인즈가 제기한, 임금 인상이 원인이라는 생각은 이미 현실에서는 기각되었다. 오히려 자본의 양적 완화로서의 통화주의 정책이 수반하는 회수의 국면이 그 이유라는 지적이 설득력 있다. 자본주의 하에서 국가는 두 가지 경제 메커니즘을 갖는데, 하나는 재정정책으로 세입과 세출을 비슷하게 만들어 재정을 건전하게 하는 세금과 관련된 부분이고, 다른 하나는 통화주의 정책으로 돈을 찍어 은행과 기업에게 넘겨주는 양적 완화와 관련된 정책이다. 그런데 이와 다르게 MMT(Modern Monetary Theory)에서는 부채화폐를 양산하는, 즉 돈을 찍어 은행과 기업에게 주는 방식이 아닌, 국가의 주권화폐의 발권 능력을 통해서 시민에게 기본소득을 직접 주는 통화주의를 얘기함으로써 파란을 남겼다.

코로나19 사태 동안에 우리가 직면한 현실은 경제가 더 이상

정상적으로 작동하지 않는 상황이었다. 이에 대하여 미 연준은 통화주의 정책, 즉 양적 완화를 실행했고, 일본이나 한국 같은 방식으로 대응했다. 코로나19 사태가 끝나갈 즈음에 이제는 풀었던 돈을 다시 자본이 회수함으로써 수축 과정에서 이득을 얻어야 하는 상황이 왔다. 만약 양적 완화 국면에서 A라는 기업이 100만 원이 있다면, (양적 완화를 통해) 앞으로 받을 100만 원을 믿고 지금 보유한 100만 원을 사용하여 구매에 나설 수 있다. 이는 깡의 원리와도 비슷하지만 미래의 '청구권으로서의 돈'을 보증금 삼아 '구매력의 돈'을 쓰는 것이기 때문에 사실상 돈을 전혀 쓰지 않은 것과 같다. 다시 말해서 내일 아버지가 용돈 100만 원을 준다면, 오늘 밤 100만 원을 써도 적자가 되지 않는 원리와 같다. 그러나 혹독한 회수 국면에서는 상황이 달라진다. 화폐는 돌연 '채권으로서의 화폐'가 되어 버리고, 이자율이 10%만 올라가도 복률화되기 때문에 자재나 원료 가격은 2~3배가 오른다는 현실이 기다리고 있다. 이자가 높아지니 돈은 은행으로 돌아가고, 사회 속에서 유통되어야 할 돈의 씨가 마른다. 물건 가격은 천정부지로 높아지고 돈은 없고, 결국 희생과 내핍의 상황에 직면하게 되는 것이다.

[표1] 화폐의 기능과 작동 시나리오*

화폐의 기능 유형	양적 완화 시의 이행단계	자본의 회수 시의 이행단계	기후위기 및 실물적 위기 하에서의 이행단계
상품화폐		1단계	2단계
청구권으로서의 화폐	2단계	3단계	3단계
신용/채권화폐	4단계	2단계	
구매력 화폐	3단계		
통화주의 화폐	1단계		
물물교환 약속화폐			1단계
어음			
교역 및 무역화폐			
세금화폐			4단계

성장주의의 4분할과 인플레이션

이러한 인플레이션의 주요 원인이 자본이라는 생각을 갖게 되면 금융자본주의가 갖고 있는 여러 가지 추악한 면이 초래한 불평등 상황에 대해서 떠올릴 수밖에 없다. 그러나 신자유주의 는 성장주의 자체를 떠받치는 4단계의 유형 속에서 하나일 뿐

---

* 제프리 잉햄의 『돈의 본성』(홍기빈 역, 삼천리, 2011)의 구분을 참고했다. 이 화폐론의 기본구도에서 재료는 이 책에서의 소스를 기반으로 하고 있으며, 동시에 이 글의 전반적인 구도 역시 크게 빚지고 있다.

이다. 각각의 단계는 서로 중층화되어 성장의 최후의 파티를 벌이겠다고 나서고 있다. 인플레이션은 자본의 회수로서의 이자율 상승의 원심력으로 인해, 거대 자본 자체가 등장하기 위한 발판이 되고, 민중이나 시민, 노동자들은 극도의 가난과 결핍, 불평등으로 내몰린다는 것이 좌파적 상상력에 기반한 시나리오적 접근법이다.

　오늘날의 성장주의는 산업자본주의, 금융자본주의, 인지자본주의, 정동자본주의라는 네 가지 유형의 성장주의를 중층화하여 더욱 성장으로 매진하려고 하는 형태를 보인다. 그러나 자본주의는 최대한계 테제와 직면하게 되는데, 그것은 막대한 기후위기와 생태계 위기 속에서 자원으로 간주되어 왔던 생명, 자연, 대지의 한계가 명확해지기 때문이다. 결국 회수 국면에서의 이자율 상승 10%로 인한 원자재 가격 상승 2배를 상정하였을 때와 유사하게 식량 위기와 자원 위기로 인한 생산량 10% 감소라는 상황에서 가격이 2배 상승할 수밖에 없는 상황이 도래한다. 다시 말해서 이자율 상승과 자원의 위기 사이에는 차이가 없게 된 상황이 실질적인 포섭의 상황 이후에 벌어지는 것이다. 그런 점에서 자본과 노동이라는 요인뿐만 아니라, 자원의 흐름이라는 새로운 항을 함께 사유해야 자본주의의 네 가지 유형에서의 인플레이션이 도래한 이유를 추적하는 단서를 얻을 수 있는 것이다.

[표2] 자본주의의 변화 양상과 특징

구분	내용
산업 자본 주의	성장주의의 초기형태는 산업생산에 있어서 대량생산/대량소비의 주체였던 대중(mass)과 관계했던 포디즘이었다. 포디즘은 포드자동차의 일관생산라인과 같이 대량생산 시스템으로써 사회를 대량소비로 향하게 만드는 원동력이었다. 그러나 포디즘은 전 세계를 휩쓴 68혁명에 직면하여 무너지고 말았다. 왜냐하면 포디즘 자체가 무료한 작업과 지루한 교육과정 등의 문제점을 갖고 있는 성장주의 사회조직화 모델이었기 때문이다. 68혁명은 욕망의 반란이자 욕망해방운동으로서의 성격을 가지면서 소수자운동과 생태운동 등을 전개했다. 이에 따라 자본주의는 이러한 욕망의 흐름에 적응하는 시스템으로서의 80년대 신자유주의라는 금융자본주의로 변신하게 된다.
금융 자본 주의	신자유주의는 과잉중복투자되어 있는 산업생산의 한계를 넘어서 돈을 값싸게 만들어서 유통하고 거래하는 금융시스템이었다. 이 역시 성장주의의 다른 버전이라고 할 수 있다. 이제 농업, 기간산업, 공공영역 등이 민영화와 규제완화 속에서 초국적 금융자본의 먹잇감이 되었고, 이러한 실물자산인 생산설비, 경영과 노동관리 등과 관련 없이도 성장주의는 가동되면서 부를 증대시킬 수 있었다. 초국적 금융자본은 온갖 파생상품과 인터넷에 기반하여 빛의 속도로 금융거래가 이루어지는 상황임에도 불구하고 역시 위기에 봉착하게 된다. 바로 2008년 서브프라임 모기지 사태가 그것이었다.
인지 자본 주의	성장의 망상을 버리지 못한 자본주의는 금융과 인터넷의 결합양상 중에서 인터넷의 집단지성, 지식커먼즈, 오픈소스 등에서 가치를 추출하고 지대(rent)이득으로 바꾸어냄으로써 인지자본주의라는 유형의 성장주의로 변신한다. 인지자본주의는 ①1세계와 3세계의 분리차별, ②공동체적 관계망의 시너지효과에 대한 자본의 전유양상, ③그 다음은 골목상권으로의 대기업의 진출, ④젠트리피케이션(Gentrification), ⑤플랫폼자본주의 양상으로 나타났다.
정동 자본 주의	그러나 인지자본주의 역시도 이득을 얻는 데 한계에 봉착하자, 이제는 플랫폼자본주의(=정동자본주의)로 이행하게 된다. 정동자본주의는 플랫폼 위에서 웃고 울고 즐기고 기뻐하면서 정동을 발휘하면 그 이득은 모두 플랫폼이 가져가는 형태이며, 아마존, 배민, 쿠팡 등과 같은 배달플랫폼과 넷플릭스, 유튜브, 구글, 페이스북 등과 같은 콘텐츠플랫폼 등을 망라한다.

[표3] 자본주의 4종류 다이어그램

① 산업자본주의	② 금융자본주의
•탄소발자국, 물질발자국을 남기면서도 기후위기를 회피하는 디커플링(녹색성장 경제) •산업체계의 과잉과 포화로 인한 물류유통 시스템 혁신과 스타트업그룹의 장착	•가상화폐와 블록체인 기술을 통한 금융자본주의의 초극미세전략 장착 •실물을 싸게 할 수 없을 때 화폐를 싸게 하는 양적 완화의 통화주의 정책

③ 인지자본주의	④ 정동자본주의
•과학, 기술, 지식체계의 산업별 연계와 인지적 차원으로 코드화되는 모든 각 영역의 자본화 •코드의 잉여가치의 작동을 통한 공동체 외부에서의 질적 착취	•플랫폼을 통한 정동동원과 추출을 통한 활력의 자본화 •흐름의 잉여가치의 작동을 통한 공동체 내부에서의 질적 착취

특히 금융화되어 있는 식량생산의 상황에서 그러한 먹거리 가격 상승은 기후위기에 직접적인 영향을 받게 된다. 결국 성장주의의 최대 난제는 기후와 생태계 위기라는, 현실에서의 직접적인 위기 상황이며, 이는 자본의 외부에 있는 것이 아니라 모두 자본 내적 문제와도 직결되는 것이다. 모든 자원 특히 식량, 원료, 에너지 등은 모두 금융화되어 있기 때문에 조그만 변동 요인

에도 기하급수적인 가격 인상으로 드러나게 된다. 다시 말해서 자재와 원료, 에너지, 대지, 자연, 생명 등의 모든 요인은 자본의 외부효과에 있는 것이 아니라, 내부효과 속에 있는 셈이 된다.*

인플레이션의 다섯 가지 시나리오

[표4] 인플레이션 원인별 구분과 전개양상

인플레이션 원인	주요 요인	태도	주창자	효능 좌표	아젠다	역사적 사례
노동	임금 인상	제로성장	마르크스케인즈	승수효과	폴라니의 허구상품	19세기 산업혁명
자본	양적 완화 이후 회수	성장	주류경제학	외부효과	통화주의	일본의 잃어버린 30년
기후위기	실물가격상승	탈성장	생태경제학	시너지효과	저렴한 자원을 넘어서기	70년대 원유파동
금융과두정	이자율상승에 대한 의식적 결정	저성장	음모론(나치)	파급효과	붕괴에 맞서기	프리메이슨(유태인 학살)
전쟁	우발적 외적 사건	저성장	국제경제론	낙차효과	국제 블록간 충돌과 자원전쟁	우크라이나전쟁

---

* 독일의 20세기 혁명가 로자 룩셈부르크의 입장에서는 인플레이션은 비자본주의 영역에 대한 코드화를 통한 자본주의로의 포섭 과정의 일부라고 할 수 있다는 점에서 신제국주의 의 식민화와 축적 과정 중 하나이다. 사실상 자연이라는 외부에 대한 코드화에 가까운 로 자의 아이디어는 펠릭스 가타리의 코드의 잉여가치를 선도하는 측면이 있다. 그러나 자본 의 비자본 영역의 포섭 과정이 거의 완료되어 버린 정동자본주의 국면에서의 외부효과의 소멸 국면에서의 인플레이션은 로자의 원형적인 축적과 포섭의 생각을 넘어서 있으며, 더 이상 한계에 도달해 버린 외부로서의 자연의 위기 국면과도 긴밀히 관련되어 있다.

1) 임금 인상에 따른 인플레이션 입장

마르크스의 노동가치론과 케인즈의 내부상점 유형 이론이 둘다 임금과 인플레이션과의 연관성을 규명할 수 있는 그림의 구도를 그렸다. 그러나 이제는 임금 인상이 인플레이션을 유발하는 중요한 요인이 될 수 없음을 누구라도 알고 있다. 첨단기술사회에서 노동의 영역은 주변으로 후퇴했으며, 생산 전반에 대한 결정적인 요인이라고 할 수 없다. 그런 점에서 만약 임금 인상을 인플레이션의 이유로 얘기한다면 그것은 철저히 자본의 입장에서의 데마고기(허위선전)일 것이다. 사실 사람들은 대부분 사태가 어떻게 돌아가는지 파악하고 있다. 물건이든 에너지든 모든 것의 가격은 높아지지만, 노동과 사람의 가격은 높아지지 않는 상황이 인플레이션이기 때문이다. 그점에 대해서는 경제학자보다 일반 시민들이 더 빨리 그리고 직관적으로 파악한다.

여기서, 앞에서도 언급한 바 있는 오스트리아 경제학자 칼 폴라니의 허구상품 개념을 상기하면 여러 가지 힌트를 얻을 수 있다. 그가 지목한 세 가지 허구상품은 임금, 지대(rents), 이자(interests)이다. 생명으로부터 노동을 추출할 수 없다는 점에서 임금은 허구상품이고, 자연으로부터 지대를 추출할 수 없다는 점에서 지대는 허구상품이고, 화폐로부터 미래의 구매력을 추출할 수 없다는 점에서 이자는 허구상품이다. 그런데 역사적으로 인플레이션의 주요 요인이 임금에서 이자로, 이자에서 지대로 이행하는 것을 살펴볼 수 있다. 19세기 산업혁명 당시의 산업자본주의 하에서는 임금이 인플레이션의 주요 요인이었다면, 금융자본주의 하에서는 이자가, 그다음 인지자본주의와 플랫폼자본주의 하에서는 지대가 인플레이션의 핵심 요인이 되는 형태로 이행해 왔다는 말이다.

동시에 케인즈의 내부상점 유형의 사회상으로 보았을 때, 임금 인상을 통한 인플레이션은 노동가치의 양에서 임금이 차지하는 비중과 자본의 이윤이 차지하는 비중 간의 경합과 배분이 있지만, 가치 창출에서는 노동 이외의 요인이 없는 구도를 그린다. 그러나 첨단기술사회에서는 노동가치 이외에도 다양한 비물질적인 가치, 정동가치, 욕망가치, 예술가치 등이 기계류의 혁신에 도움을 주는 국면으로서의 기계적 가치가 대두한다. 그런 점에서 승수효과로 본 내부상점 유형 구도에서 핵심적인 노동자라는 주체성 이외에 다양한 주체성의 생산 활동을 규명할 필요가 있다. 따라서 인플레이션의 이유와 결과의 재귀적인 순환 과정과 경로에 노동자라는 주체성에만 결합된 것이 아니라는 사실을 알 수 있다.

2) 자본의 이윤 증대와 회수에 따른 인플레이션 입장

앞에서 인플레이션이 자본에게 위기 국면이라기보다는 겉으로는 물가 인상에 얼굴을 찌푸리지만 뒤에서는 웃게 되는 이유를 살펴보았다. 다시 말해서 통화주의적인 정부정책의 양적 완화 과정에서 과다하게 돈을 찍어 기업과 은행에게 줌으로써 기업적립금을 높이거나 기업의 건전성을 높여줬을 뿐만 아니라, 이를 다시 회수함으로써 은행과 금융자본에게 이득이 되게 만들기 때문이다. 돈을 줄 때도 이득이 되고 가져갈 때도 이득이 되는 것이 통화정책과 은행정책에서 발견되는 핵심 전략이다.[*] 그러나 이는 일반적인 경우로 치부할 수 없다. 다시 말해서 국제 통화질서를 쥐고 있는 미국의 연준 등의 금융자본주의 세력은 경우에 따라 양적 완화 이후에 회수하고 다시 양적 완화하는 순환의 과정을 연출하지 않기 때문이다. 다시 말해서 회수의 국면이 지속되어 디플레이션으로 향한 일본의 잃어버린 30년의 경우가 있기 때문이다.

일본은 70년대 초고도 성장을 거치면서 화폐의 양이 미국 땅

---

[*] 토마 피게티는 『21세기 자본』(㈜ 글항아리, 2014)에서 인플레이션에 대한 입장을 밝히는데, 일반론으로는 인플레이션이 장기적으로 돈을 갖고 있는 사람에게 불리하다는 설명 방식과 함께 특수론으로는 그러나 단기적으로는 돈이 없는 사람들의 피해가 막심하다는 설명 방식을 부가하고 있다. 이는 통화주의적인 사고가 없는 방법론을 드러낸다.

전부를 살 수 있다고 평가될 정도의 호황을 누렸다. 그런데 이 것이 미국 중심의 국제통화 정책에서 조정국면을 거쳐 장기적 인 회수 국면으로 넘어가면서 양상이 급변했다. 그 이후에 사실 상 일본은 디플레이션이라는 경기 침체의 상황으로 치달아 갔 으며, 아베노믹스 등을 통한 양적 완화의 통화주의 정책에 다소 간 희망을 걸었지만, 경기 후퇴의 국면을 극복할 수 없음을 드 러냈다. 다시 말해서 양적 완화를 통해서 회수의 국면에서 벗어 날 수 없는 상황―자본의 유기적 구성이나 계급구성, 사회적 가 치구성 등의 특이함에 따라 출구전략을 가질 수 없는 상황―도 있음을 드러내는 것이다. 이는 자본의 통화주의만 놓고 볼 것이 아니라, 국제 통화정책과 전 세계 기축통화로서의 달러의 헤게 모니 체제 하에서의 일본의 배치, 환율정책 등도 함께 보아야 판 단할 수 있는 부분이다.

여기서 [표1]을 참고하여, 가설추리법에 따른 자본의 양적 완화 에서의 화폐의 작동 과정을 살펴볼 때 화폐의 성격 변화는 1) 통 화주의 정책을 통해서 돈을 찍어 나누어주는 것, 2) 청구권으로 서의 화폐를 확보함으로써 축장된 화폐를 보증으로 삼아 깡의 형태로 3) 구매력 화폐의 능력을 갖추는 것, 4) 이것이 신용 화 폐, 채권 화폐가 되는 이행기의 과정을 그려볼 수 있다. 이러한 화폐의 기능적인 변화와 이행 과정에 경제적인 각 영역이 부응할 수 없을 때 경제는 고장 난다. 역으로 회수 단계에서의 화폐의 작동 과정은 1) 상품화폐를 회수함으로써 인플레이션이 생기며, 2) 신용채권으로서의 화폐를 통해 이자율이 높아지며, 3) 청구권으로의 화폐만이 남게 되는 상황이다. 이러한 이행 과정이 매끄럽게 수행되면서 경제 각 부문이 유기적으로 움직이지 않는다면 장기적인 경기침체로서의 디플레이션이 찾아온다고 할 수 있다. 이는 가설추리 방법을 통해서 화폐의 성격 변동에 따른 경제적인 회복탄력성에 대한 논의를 촉발하기 위한 이야기 구조이다.

3) 기후위기, 식량위기에 따른 인플레이션 입장

앞서 계약재배, 선물옵션, 식량펀드 등으로 금융화된 농업에 기후위기가 닥쳤을 때 어떤 상황이 초래되는지 제기하였다. 사실상 피라미드식으로 서로 중층화된 금융자본주의 하에서 식량위기 상황이 도래하면 식량생산량이 단 10%만 감소해도 가격이 2~3배 폭등할 수 있다. 이는 이자율 상승에 따른 인플레이션 상황과 거의 유사하다고 할 수 있다. 기존 경제학에서는 자본과 노동이라는 두 가지 요인으로 경제의 작동을 설명해 왔는데, 우리는 생태경제학의 시각에서 실물로서의 자연자원, 생명, 대지 등의 위기를 말하지 않을 수 없다. 다시 말해서 기후위기라는 전대미문의 상황은 농업 자체를 뒤흔드는 결정적인 요인이라고 할 수 있다. 더불어 실물 자연 자원의 추출과 채굴 경제도 2023년 즈음에 절대 한계에 도달할 것이 예고되어 있는 상황이다. 그런 점에서 실물 자원의 위기는 경제 질서 재편의 결정적인 요인이 될 수밖에 없다.

자본주의는 자연 자원의 가격을 현실화하지 않은 채, 부수적인 가격의 요인들을 배제하는 외부효과를 누려 왔다. 그 외부효과에는 폐기물 처리 비용, 제품 재활용 비용, 자연생태 복원 비용 등이 있다. 너무도 저렴하게 사용해 왔던 자연 자원이라는 대지와 지구는 한계에 봉착할 수밖에 없었으며, 가장 극단적인 한계가 바로 기후위기다. 이제 자연 자원은 저렴한 것이 아니라, 그것의 재생과 순환에 드는 비용을 고려하지 않을 수 없는 상황에 봉착해 있다. 기후위기 상황은 그러한 '저렴한 자원'이라는 논리의 틀에서 벗어날 수 있는 순기능을 하는 계기이자 특이점이라고 할 수 있다. 어떤 점에서는 노동과 자본의 대립이나 연합의 두 쌍은 상대적인 가격의 요인이라고 할 수 있다면, 자연 자원의 흐름은 절대적인 가격의 요인이라고 할 수 있다. 그런 점에서 자본과 노동이라는 두 개의 주체성만이 존재했던 기존 경제학은 기각된다.

현재의 기후위기 상황은 곧바로 식량위기를 초래하는 데로 나아가고 있다. 호주의 경우에는 근 10년 동안 밀 생산량이 절반으로 떨어졌다. 미국도 옥수수와 콩 생산량이 점점 줄어들고 있으며, 러시아는 2008년과 2021년 두 번의 밀 흉작을 겪었다. 그럼에도 불구하고 밀과 옥수수, 콩 등은 아직은 전 세계 인구를 먹여 살릴 정도 이상의 규모이다. 문제는 제3세계 국가의 창고조차도 곡물이 가득하지만, 전 세계 빈민의 극단에 있는 제3세계 소농들에게 구매력이 없다는 점에 있다. IMF와 세계은행 등에서는 소농들에게 팜유 등의 황금작물을 권유하고 있지만, 자급자족을 추구하는 소농의 입장에서는 마뜩치 않게 다가올 수밖에 없다. 기후위기로 인한 가뭄, 폭우, 허리케인, 태풍 등은 적도 인근의 제3세계 국가의 식량 작황을 좋지 않게 만들어서, 기아 인구를 늘리고 있다. 더불어 식량 가격의 인상은 매년 가속화하기 때문에, 근미래에 식량이 돈으로 거래되지 않는 상황이 올 것이라는 예측마저도 나오고 있다. 이러한 식량위기는 먹거리 인플레이션의 핵심 원인이 되고 있으며, 앞으로 식량 가격 인상은 더욱 가속화될 것이다.

4) 금융 과두정의 기후위기 대응에 따른 인플레이션 입장

1차 세계대전 이후에 전쟁 부채 등에 빠져 초인플레이션이 온 독일 사회는 돈을 한 트럭 가져와야 양배추 하나를 살 수 있는 지경이 되었다. 결국 게토 경제와 물물교환으로 사회는 버티고 있었지만, 엄청난 경제 위기 상황은 파시즘의 발호로 이행했다. 파시스트인 나치는 음모론을 퍼뜨려 유대인이 프리메이슨, 금융 과두정을 통해 독일 경제를 장악하고 있다고 유태인 증오를 조장하였다. 이는 유태인 학살의 비극으로 귀결되었다. 최근의 음모론 상황은 인류 절멸을 피하기 위한 금융 과두정─연준, IMF, 세계은행─등이 기후위기로 인한 인류 절멸을 막기 위해 최후의 대응으로서의 이자율 상승을 통한 인플레이션을 의도적으로 유발하고 있다는 가설추리에 입각해 있다.

물론 이는 이불 속에서 옹기종기 앉아서 귤을 까먹으면서 들을 만한 음모론은 아니다. 오히려 음모론이라는 장르적 성격을 걷어내면 향후에 이자율 상승과 인플레이션으로 인해 전 세계적인 기후 불평등이 심화하여 기후위기에는 대응할지 몰라도 1%만이 생존할 수 있는 현실이 될 것이라는 불길한 예감을 여과 없이 드러내고 있다. 기후위기에 대해서 불평등과 기후정의를 무시하고 대응한다면 제3세계 민중과 기후난민이 얼마나 극단적인 생존의 위기에 직면하게 될 것인지에 대한, 자본주의 체제의 문제를 드러내 보이는 것이기도 하다.

5) 우발적인 국제질서의 변화: 우크라이나-러시아 전쟁

우발적인 국제질서의 변화는 코로나19 팬데믹으로 말미암아 전 세계인들에게 돌발흔적과 같은 급격한 위기로 다가온 바 있다. 즉 미국과 국제사회는 양적 완화를 통해서 자본주의 자체를 생존케 하려고 노력했으며, 이제는 회수 국면으로 접어들고 있다. 그런데 최근의 우크라이나 전쟁은 전쟁 당사국이 유럽에 유류와 가스를 공급하는 국가이면서 동시에 주요 식량산출국이라는 점에서 자원, 에너지, 원료, 식량 위기의 직접적인 원인이 되고 있다. 최근의 국제사회는 갈등이 급격히 격화될 수 있는 블록화된 국제질서의 특징과 함께, 자국 이기주의에 입각한 우파 파시스트가 발호한다는 것이 두드러진 특징이다. 이런 상황에서 국제정치와 평화와 안보 등은 인플레이션과 직접적으로 결합된 현안이 되고 있다.

인플레이션을 넘어서 탈성장 전환사회로

이제까지 필자는 인플레이션을 다섯 가지의 시나리오 접근법에 따라 설명해 보려고 한다. 이러한 인플레이션의 다섯 가지 구도를 상상하게 한 계기는 자재 납품 영업을 하는 친구의 여러 가지 코멘트와 초등학교 선생님이신 공규동 선생님과의 대화이다. 그러나 여전히 경제학을 본격적으로 전공한 것도 아니라는 한계 속에서, 동시대적인 실물경제의 움직임에 감응하여 스케치하는 데 그치고 있다. 인플레이션을 경제적 공포와 두려움으로만 직면하여야 할까? 특히 기후위기 시대를 살아가는 우리에게는 인플레이션이 유발하는 실물 소비 감축 효과를 외면만 할 수도 없는 노릇이다. 사실상 기후위기에 대한 제대로 된 대응을 하려면 기술주의적인 탈탄소화로는 부족하며, 물질발자국을 실질적으로 줄여야 한다는 점이 최근 적극적으로 논의되고 있다. 다시 말해서 탈성장을 통해서 기후위기에 대응해야 하는 것이다.

그런데 탈성장의 규모와 시간은 여전히 논쟁거리이다. 매년 IMF사태에서 겪었던 GDP 7% 감축의 두 배에 달하는 GDP 14% 감축으로 나가야 한다는 경제학자의 주장과 함께 2050년까지 물질발자국을 1/10로 줄여서 1970년대 수준으로 돌아가야만 탄소중립2050에 도달한다는 엄중한 시나리오가 제출되고 있는 상황에서, 인플레이션은 그것의 시초점이 아닌가 하는 가능성을 타진해 보는 것이다. 근본주의적인 시각에서는 인플레이션을 탈성장으로 받아들여야 한다는 입장이 제출될 것이다. 그러나 우리는 인플레이션이 불평등과 기후정의의 문제에서 취약하다는 점을 간과해서는 안 될 것이다. 부의 분배, 사회적 경제, 공공

일자리와 기본소득 등이 필요한 이유가 바로 여기에 있다.

　인플레이션에 끌려다니는 사람은 의기소침, 결핍, 부족 등에 직면하여 거기서 멈추어 서겠지만, 인플레이션에 탈성장으로 대응하는 사람은 활력, 돌봄, 살림을 발휘하기 위한 계기이자 특이점으로 삼을 수 있을 것이다. 그런 점에서 현재 국면에서 수축경제를 피할 수는 없다고 하더라도 강렬한 돌봄 모듈과 커먼즈 기반 경제, 활력정동에 입각한 가정경제 등 탈성장 전환과 대안에 입각한 대응이 가능하다고 생각한다. 더 적극적이고 능동적인 탈성장 전환사회의 전망을 시도한다면, 인플레이션 상황이 아무리 수축경제로 이끈다고 하더라도 연대와 협동, 관계의 삶의 이야기 구조를 통해서 적극적으로 대응하는 것이 불가능한 것도 아니다. 그 탈성장의 창을 여는 이야기 구조를 위해서 인플레이션의 다섯 가지 시나리오를 만들어 보았다. 친구들과 함께 상상력을 발휘하며 이야기하는 시간은 늘 재미있다. 이야기가 계속되기 때문에.

V.

탈성장에서의
사회적 금융의 역할*

김영준(변호사), 박종찬(한살림펀딩),
오민우(한밭레츠), 신승철(생태적지혜연구소),
지음(빈고), 전병옥(기술마케팅연구소),
한영섭(청년신협), 홍승하(다람쥐회)

* 생태적지혜(2022년 2월 26일, https://ecosophialab.com/).

2022년 1월 23일 일요일 오후 3시에 8명의 구성원이 사회적 금융 초동 모임을 결성해서 첫 모임을 가졌다. 이 자리에서는 청년층의 탈성장에 대한 접근 방법, 사회적 금융의 혁신성과 선도성, 공동체 신용이란 무엇인지 등이 논의되었다.

아직 국내에서는 걸음마 단계인 사회적 금융에 대해 심도 있는 이야기를 나누는 자리가 되었다. 앞으로 매달 기획대담 형식으로 이 자리에서 논의된 내용을 정리하여 공유하기로 했다.

신승철 탈성장 상황에서 청년층의 새로운 변화 기류가 감지되고 있습니다. 비혼, 비건, 페미니즘, 필(必)환경 등으로 무장한 청년층이 탈성장 흐름과 사회적 금융에 대응하는 새로운 양상에 대해서 이야기를 나누어 보았으면 합니다.

오민우 그것을 자발성 탈성장의 흐름이라고 할 수 있습니다. 기후위기 상황에서 채식을 해야 한다는 강제에 의한 것이 아니라, 채식인의 자발적이고 향유적인 모습처럼 탈성장도 새로운 저항, 향유, 자발성의 명제로 나타나고 있습니다.

한영섭 젊은층은 전혀 다른 모습을 보여줍니다. 탈성장을 생활 속에서 쉽게 적용하는 모습이 놀라울 정도입니다. 그러나 한편으로 이념보다 실용성을 취하고 자신에게 어떤 혜택과 풍요, 혹은 행복을 가져다주느냐에 좌우되는 특성도 보입니다. 그들의 행태가 이념적 베이스를 갖고 있는 것은 아닌 셈이지요. 어떻게 보면 성장기의 모습으로 오해될 여지도 있습니다.

박종찬 한살림의 경우, 조합원의 고령화와 아울러 생산자의 고령화가 진행되는 중임에도 청년 후계농이 부족하다는 점 때문에 고심하고 있습니다. 이념형 조합원이 전 세대였다면 좀 더 실용적인 부분에 착목한 청년층이 등장하고 있습니다. 오늘날 청년층의 사회적 활동은 어떻게, 얼마나 삶에 도움이 되느냐 하는 실용적 목적에 중심을 두고 전개되고 있습니다. 그 방식은 조각 투자처럼, 좋은 일도 하면서 수익도 내는 것으로 현실에서 나타납니다. 한살림 펀딩도 주요 고객층이 철학과 가치, 이념 중심의 50대 회원이 많으며, 청년층의 유입을 위한 상품개발 등에 대한 고민이 있습니다.

탈성장은 양적 성장이 아닌 질적 발전

전병옥 성장이 어려운 상황에서 스타트업기업 젊은이들을 만나보면, 그들은 주로 어떻게 경쟁에서 이길 것인가를 중심에 두고 생각하는 경향이 있습니다. 세대별로 이념과 공공의 이익을 중심으로 하는 전 세대와 개인의 자유와 성장을 생각하는 새로운 세대의 특징이 나누어집니다. 탈성장을 질적인 변화를 일으키는 질적 발전(development)으로 생각해 보면 어떨까 생각합니다.

오민우 저희 한밭레츠에도 새로운 회원에 대해 고민할 때 청년 문제를 많이 생각합니다만, 구성원 속에 새로운 젊은 층의 유입이 쉽지 않습니다. 가치와 의미를 중시하는 전 세대가 아름답게 늙어 가면서 젊은 세대의 외곽에서 새로운 조직이 생성되기를 도모해 보는 상황입니다. 질서 있는 퇴각을 모색하는 일이라고 볼 수도 있겠습니다.

한영섭 청년과 사회적 금융, 탈성장을 연결하는 것은 참 어렵습니다. 이념이 아니라, 실용을 생각하면서 자조 금융을 이끈다는 것도 결국 조합원의 유입으로 나타나기 힘듭니다. 아마도 전 세대와 달리 청년 세대에게 탈성장을 얘기한다면 반감이나 저항감만 생길 것 같기도 합니다. 오히려 담론의 부재 속에서 실용적인 조각 투자와 같은 방법도 구사될 수 있을 것입니다. 탈성장을 양적 성장이 아닌 질적 발전으로 보는 시각도 필요하다고 생각합니다. 국민행복지수(GNH)의 도입처럼 삶의 기준을 바꾸는 대안적 접근이 필요하다고 생각합니다.

신승철 탈성장과 청년층을 고민하면서, 동시에 미래에 대한 투자는 어떤 방식으로 이루어지는지도 궁금합니다. 어떤 대안적인 방법이 있을까요?

박종찬 뱅카우와 같이 투자자들이 펀딩으로 한우를 사면 생산자가 키워 매각한 수익을 되돌려 주는 조각 투자 사례를 생각해 보게 됩니다. 계약 재배와 위탁 재배 형태로 소비자들이 크라우드펀딩으로 수매자금을 미리 주어 원재료를 사면 이를 농민은 생산해서 할인가격으로 공급하는 공급망 관점을 생각해 볼 수 있습니다. 농업 크라우드펀딩이라고 할 수 있겠지요. 이러한 공급망 관점도 대안적인 방법이 아닐까 생각합니다.

전병옥 공급망 어젠다는 지속가능발전이나 사회적 경제의 중심 문제이기도 합니다. 공급망은 포화상태에 있다고도 할 수 있습니다. 공급망이 막혔을 때 공공영역을 통해서 이를 흘러가게 만드는 방향이 일반적이었으며, 제도적 장치도 마련되어 있습니다. 공급망에 대한 공적 영역에서의 전환이 아닌, 민간영역에서의 전환으로서의 사회적 금융을 통한 해결 방법은 독특합니다.

신승철 공급망 문제에 공제조합의 역할도 있을 것 같습니다. 공제조합의 조직화 방식은 어떻게 이루어져야 할까요?

한영섭 팬데믹 상황에서 미국에서 경제가 어려워지다 보니 상호부조를 기반으로 하는 공제회가 800여 개가 만들어졌습니다. 이 공제회가 노동자의 금융안전망 역할을 했습니다. 삶이 어려울수록 공제회가 사회안전망 역할을 하게 됩니다. 또한 기후위기 시대의 사회적 금융의 역할을 노동자공제회가 해낼 수 있습니다. 작은 조직들의 공제회는 연합체를 만들어 대수법칙이 적용되는 보험이나 금융이 작동할 만큼의 규모화를 이룰 수 있습니다. 처음부터 메머드급 자본이 형성되기를 도모하는 것이 아니라, 작은 공제회가 연합하고 자조금융이 연대할 필요성이 대두됩니다. 다시 말해 200여 명이 1,000명이 되는 것을 바라는 것이 아니라, 작은 조직 간 연합조직을 만드는 것이 가장 현실적입니다. 사회적 자본에서도 조직화가 필요한 것입니다. 이를 통해서 사회적 금융의 선한 영향력의 확산도 기대해 볼 수 있습니다.

박종찬 생활협동조합연합회에서의 공제 도입은 법적 제한으로 어려운 편입니다. 그러나 공제에 대한 수요는 조직의 전체적인 필요에 기인합니다. 개인의 한계를 넘어 공동체, 기업 간의 관계에서의 유동성과 리스크를 계(契)모임 형태로 연결시켜서 규모화할 수 있지 않을까, 하는 고민도 있습니다. 리스크 면에서는 개인들이나 기업들이 공동체 담보를 통해서 공동의 리스크 관리를 해낼 수 있다고 생각합니다. 개별 기관이 가지는 리스크와 유동성의 한계를 연대를 통한 규모화를 통해 분산하고 넘어서는 방법도 고민해 볼 수 있습니다.

한영섭 협동조합, 노동조합, 공제조합 세 영역에서 실용성을 강조하는 흐름에 말려들기보다는 원론적인 담론에 충실할 필요가 있다고 생각합니다. 다시 말해 수많은 혜택을 주는 방식보다는 연대와 협동의 원칙을 지킬 필요가 있습니다. 한국노총의 경우 저희 공제조합 풀빵과 유사한 플랫폼 공제회를 출범시켜 많은 혜택, 우리와 비교할 수 없을 정도의 많은 혜택을 주고 있지만, 실리만 추구할 뿐 연대와 협동이라는 본연 가치는 사라지고 없습니다. 원칙적인 담론에 집중할 필요가 있다고 생각합니다.

금융의 진입장벽이 낮아져야 다양한 대안금융이 꽃필 수 있어

홍승하 저희 다람쥐회는 노동자금고, 노동자의 신용협동조합으로 50여 년을 지역에서 뿌리내리고 있습니다. 공제조합 문제도 최근에 치열하게 논의되었고, 지금 공제조합 풀빵의 준회원으로도 가입되어 있습니다. 저희는 노동자의 자조금융이 어떤 형태인가를 고민하고 있습니다.

신승철 최근 사회적 금융의 혁신성과 선도성에 대한 질문도 나오고 있습니다. 제도권 금융이 사회적 가치를 잠식하고 있는 상황에서 사회적 금융의 해법은 무엇일까요?

박종찬 사회적 금융의 해법은 금융의 진입장벽을 제거하면서 대안금융으로 다시 태어나는 것이 아닐까 생각합니다. 제도권 금융은 핀테크와 마이데이타 등의 기술력으로 혁신되고 있습니다. 제도권이 갖지 못한 신용한도, 리스크 관리, 현장 지향적인 금융상품, 맞춤형 자조금융의 재구축이 필요합니다. 예를 들면 동산 담보의 경우, 포괄 담보의 적용을 하고 있는데, 기존의 동산 자본의 원물 재고만을 기초로 한 담보 대출을 하는 것이 아니라, 비전형적인 자산을 담보로 하여 대출하는 방식을 의미합니다. 즉, 원물 재고의 유동화를 매출 채권과 연계하여 과거의 교환 가치가 아닌 만기까지의 담보물의 포괄적인 수익적 자산 가치를 담보물로 인정하는 방법입니다. 이러한 방법을 사회적 금융에 적용할 때 제도권 금융이 하기 어려운 부분들을 적용해 볼 수 있으리라 생각합니다.

전병옥 녹색기술과 크라우드펀딩을 하고 있는 제도권 금융의 영역에 시민 영역이 들어갈 수 없다는 것이 문제점입니다. 너무 많은 금융 활동이 이루어지고 있지만, 정작 협동조합에 대한 공제와 운영자금 보증 등과 관련된 시민 활동에 대한 응답은 보기 힘듭니다.

박종찬 ESG 채권 발행에 있어 자본시장 영역에 협동조합이 진입하기에 어려움이 있습니다. 그래서 저희 한살림펀딩은 자조적 ESG 채권 발행을 고심했습니다. 일반기업의 ESG 채권 발행 및 사후관리 면에서 이용의 어려움이 많습니다. ESG가 자본 시장의 관점에 있으므로 협동조합에서 녹색 채권 발행 시 대출금리보다 높은 편이어서 사회적 경제 조직이 진입하기 어렵습니다. 다시 말해 대기업과 달리 녹색산업을 직접 영위하는 한살림에서 녹색 채권 발행 시 대출 금리보다 오히려 높아서 편입하기 어렵습니다. 그래서 대부 금융을 통해 회원 조직화에 따른 금전대여를 통한 자금 마련과 녹색 채권으로의 재대출로 이를 반영하고 있습니다. 일종의 자조적인 녹색 채권의 시도였습니다.

한영섭 ESG는 사회적 경제 영역이 시장 영역으로까지 확장된 결과를 낳지만 그것이 잘 된다면 부정적이지 않을 겁니다. 그러나 우리는 그린워싱(Green washing)에 동원되는 ESG를 발견하곤 합니다. 녹색 채권 발행으로 사상 최대의 이윤을 은행에게 가져다주었습니다. 그것은 탈성장과는 정반대의 상황입니다. 금융 자체의 대전환이 필요합니다. 제도권 금융이 갖지 못한 사회적 금융의 원칙과 철학이 필요합니다. 그린워싱은 좋은 투자를 하면서 사상 최대의 이윤을 보장받는 기득권층과 나쁜 투자에 머무는 빈곤층을 분할합니다. 이 역시 사회적 금융이 아직 제도화되지 못한 측면 때문이 아닌가 생각합니다. 제도의 후진성의 한계 속에서 사회적 금융의 선도성을 기대하기 어렵습니다.

박종찬 앞서 나온 담보에 대해 부연하자면, 원물 재고가 유동화되어 매출 채권과 함께 만기까지 자산가치가 유지된다면 원물 재고와 매출 채권을 담보에 넣는 포괄 담보 개념을 얘기했습니다. 여기서 포괄 담보 형태로 4년간 약 270억 대출을 진행했으며, 연체, 부실은 아직 없습니다.

자조적 ESG 채권 발행의 방법을 고심해야

오민우 저희는 기후 화폐 실험을 통해서 기후 커뮤니티로의 재조직화를 추구해 왔습니다. 질문이 있다면 개인으로서는 사회적 채권을 소문, 평판에 기초한 공동체 신용으로 볼 여지는 있는가 하는 점입니다.

한영섭 평판, 소문에 기반한 공동체 신용은 고민할 여지가 있습니다. 제도 금융은 신뢰 자산이라는 형태의 담보 대출을 해주는 데 반해 가족, 친족, 공동체로 묶인 형태에서는 소문이나 역량, 느낌, 감(感) 등의 공동체 신용에 기반합니다. 그런 형태가 신용 평가의 대안적인 평가체제이고, 공동체 신용이 아닌가 싶

습니다. 그런 점에서 마을 영역에서의 공동체 신용을 생각하게
됩니다.

마지막 논의에서 나온 공동체 신용, 마을 신용이 평판, 소문
등에 따라 이루어진다는 새로운 관점은 비선형적인 가치체계를
연상케 하는 대목이었다. 그런 점에서 다음 모임의 주제는 '공
동체 신용과 사회적 금융의 관계 맺기의 방식'으로 정했으며, 좀
더 심도 있는 이야기 구조의 설립을 기대해 본다.

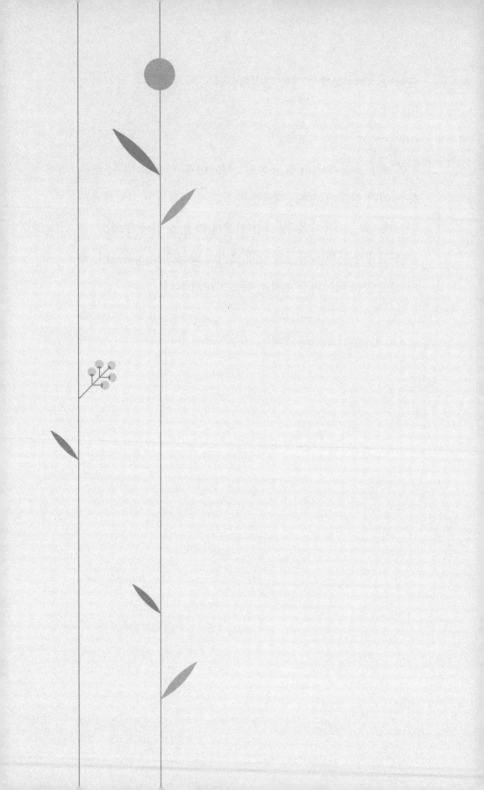

2부

탈성장과 사회

Ⅰ.
탈성장의 사회상에 대한 역사적 시나리오 접근*

김현우

* 생태적지혜(2022.7.3 https://ecosophialab.com/).

네덜란드를 중심으로 발전한 '전환관리' 이론에 '백캐스팅' (backcasting)이라는 기법이 있다. 예컨대 에너지, 식품, 교통 등의 부문이 지속가능한 시스템으로 전환해야 한다고 할 때, 그것이 잘 이루어질 수 있는 전제와 방안을 탐구하는 것이다. 왜 백캐스팅을 사용하는지는 '포캐스팅'(forecasting) 기법과 비교해 보면 쉽게 이해할 수 있다. 포캐스팅, 즉 전방 예측은 과거와 현재의 주요 변수들의 추세를 통해 미래를 예측하며 이에 기반하여 가능한 변화를 도출한다. 가령 2050년까지 인구와 GDP의 증가를 주요 변수로 하여 에너지 소비량을 예측하여 지금의 기술 조건이라면 발생할 온실가스 배출량을 계산하고, 이것을 기준선(베이스라인)으로 본다. 화석에너지를 재생가능에너지로, 즉 탄소배출이 적은 기술로 대체하면 온실가스 배출량을 얼마간 줄일 수 있다는 복수의 시나리오가 나온다.

이제까지 정부의 에너지 수급 계획이나 온실가스 감축 계획 수립에는 언제나 포캐스팅 기법이 쓰였다. 자원과 에너지의 생산과 소비 증가가 불가피하니 발전소 증설이 필수적이고, 재생 가능에너지 보급과 에너지 효율화의 발전으로 온실가스 배출 추세를 약간 완화하는 프로그램을 제시하는 게 전부였다. 지난 십수 년간 왜 한국이 배출 감축에서 제자리걸음을 했는지를 짐작해 볼 수 있다.

성장의 한계를 되돌아보면

백캐스팅은 지금의 기술과 조건이 아니라 바람직한 미래상이 기준이 된다. 2050년까지 탄소 배출제로 또는 생태복지국가를 만들어야 한다면 그것을 가능케 할 다양한 방법과 경로들이 탐색된다. 미래의 시점에서 예측의 타임라인을 거슬러 올라가면서 현재의 조건과 전제를 적극적으로 바꿀 수 없는지 논의한다. 자연스럽게 더욱 다양한 시나리오가 도출되며, 토론을 통해 여러 창의적인 가능성들이 떠오르게 된다. 따라서 백캐스팅은 규범적인 방법론이고 다중의 시민이 참여하는 개방적인 시나리오 개발 사례들을 만들어냈다.

따지고 보면 포캐스팅 역시 실은 규범적이다. 경제의 양적 성장과 물질 총량 증가를 규범으로 한다는 의미에서 말이다. 그러니까 포캐스팅과 백캐스팅 자체가 어느 것을 선과 악이라고 단정할 수는 없다. 지금으로부터 정확히 50년 전, 1972년에 발표된 로마클럽의 『성장의 한계』는 포캐스팅에 해당할 것이다. 천연자원, 식량 생산, 인구, 환경오염 등의 변수를 투입한 컴퓨터 시뮬레이션은 인간 사회의 미래가 위태롭다는 결론을 도출했다. 연구자들의 지식과 양심은 지구와 경제에는 한계가 있다는 점을 분명히 말하게 했다. 그들은 미래의 예측에 머물지 않고 결론에서 '지속가능성 혁명'이라는 대안을 제시했다. 그들은 지속가능해진 경제와 사회를 이룬 미래에서 1972년을 되돌아볼 수 있기를 원했다.

미래의 지구를 위한 백캐스팅

『성장의 한계』 저자들의 논의는 주류 경제학자들과 정치인들로부터 외면 받았다. 그러나 그들의 혜안은 정확했고 절실한 호소는 여전히 울림을 갖는다. 성장의 한계라는 개념은 요한 록스트롬의 '지구행성적 경계'(planetary boundaries) 개념으로, 그리고 기후위기 시대의 탈성장 제안으로 이어지고 있다. 그러나 여전히 무언가 큰 간극이 존재한다. 기후위기는 대규모 멸종 사태를 암시하고 사람들은 겁에 질린다. 탈성장이라는 대안은 그럴듯하지만 어떻게 도달할 수 있을지 막막하다. 지속가능한 미래라는 이상은 멀고 코앞의 전기요금 인상과 벌어들일 이윤은 구체적이다.

여기서 다시 백캐스팅의 시나리오 접근의 도움을 받을 수는 없을까? 탈성장 대안이 단지 규범이 아니라 역사적인 시나리오들로, 주연과 조연 배우들이 지문과 대사를 갖고 연출자가 1막과 2막을 지휘하는 한편, 아니 수많은 편수의 드라마로서 제출된다면 어떨까? 다행히도 그런 시도가 시나브로 늘어가고 있다.

예를 들어 미국 기자 에릭 홀트하우스의 『미래의 지구』(교유서가, 2021)를 보자. 이 책의 부제는 지구 기후가 온난화하는 시대에 무엇이 가능한지에 관한 급진적 비전이다. 그는 1부에서 '지속적 비상사태'를 묘사하고 나서 2부에서는 2020~30년 사이에 극적인 에너지와 경제 전환에 성공을 거두고 2030~40년에 획기적 관리가 진행되며, 2040~50년에 새로운 기술과 새로운 영성이 지배적인 모습이 되는 시나리오를 제시한다.

등장하는 장치들은 지금도 존재하거나 제안된 제도와 운동들의 응용이다. 무작위로 선발된 100명의 사람들이 시민의회를 구성하고 그들 각자가 원하는 2050년의 모습을 통해 하나의 희망적인 비전을 만들어내고, 모든 사람이 지지할 수 있는 실행 방안을 마련했다. 에너지의 100% 무탄소 전환, 모든 가스와 전기회사의 국유화, 시골 지역과 재생농업 투자, 포괄적인 도시 재설계

법안, 주 4일제 근무, 보편적 서비스 보장 등은 현재의 경제 시스템을 2050년까지 완전한 순환 경제로 바꾸는 데 도움이 되었다. 끝으로 그들은 원주민의 주권 인정과 기후 배상금 지급을 위한 영구기금 설립을 요구하고, 비용 마련을 위해 억만장자에게 부유세를 걷어야 한다고 주장한다. 나아가서 정치 체제를 바꾸고 새로운 사회계약을 상상하며 그린뉴딜의 글로벌화가 진행된다.

2부에 서술되는 획기적인 관리 속에서, 저자는 이런 변화는 자본주의를 버리지 않고서는 불가능하다고 말한다. 끝없는 성장을 추구하는 자본주의 모델은 지구가 급변하는 시대를 위해 만들어지지 않았기 때문이다. 저자는 케이트 레이워스의 '도넛 경제학'과 순환 경제 이론을 언급한 후, 탈성장 경제로의 전환은 어떤 '느낌'일지를 묻는다. 왜냐하면 기후 재앙의 악화 속에서 모든 사람을 돌보는 사회로의 급속한 이행을 시작하기 위해서는 우리는 현재의 시스템보다 훨씬 매력적인 대안을 떠올려야 하기 때문이다. 농업과 여행은 지금보다 수고롭지만 더 즐거운 일이 된다. 지구공학 적용을 심각하게 논의하지만, 이러한 급격한 변화가 남긴 교훈은 사회운동이야말로 모든 분야에서 신속하고 광범한 탈탄소화를 이뤄낼 수 있는 최고의 '기술'이라고 말한다. 그리고 다시, 지구를 돌보는 일은 새로운 (오래된) 영성이다.

에릭 홀트하우스의 과감하지만 일부는 진부해 보이는 시나리오에서, 어쨌든 우리는 배우들과 감독이 미래의 다른 지구를 위해 할 수 있는 모든 것을 검토하고 실행하는 시퀀스를 만난다. 그는 책 뒤쪽에 이러한 '상상훈련'을 위한 구체적인 가이드도 준비해 놓고 있다.

한 세대 안에 누구든 할 수 있는 것

기후변화를 알려주는 추상적인 데이터와 멀리 떨어져 있는 북극곰과 기후난민의 사진이 사람들을 기후행동으로 이끌어주지 못한다는 주장이 이제는 낯설지 않다. 폭로와 제안은 사람의 구체적인 동기와 감정이 수반된 시나리오 또는 내러티브로 엮일 때 힘을 갖는다. '프로젝트 드로다운'을 이끌었던 환경경제학자 폴 호켄이 시도하는 것도 그런 작업의 일환으로 여겨진다.

그는 『한 세대 안에 기후위기 끝내기』(글항아리, 2022)라는 책에서 드로다운, 즉 감축과 회복력 확보를 위한 다양한 방안을 조목조목 제시한다. 플랜 드로다운이 100가지 탄소감축 솔루션에 대한 수학적 평가와 설명이었다면, 이 책은 그런 솔루션들을 내러티브로 엮은 것이다. 해양, 숲, 야생화, 토양, 사람, 도시, 식량, 에너지, 산업, 행동과 연결 등 10개의 범주로 나뉜 글들의 제목을 보면 내러티브의 집합적 이미지가 떠오를 것이다. 방목지 생태학, 꽃가루 매개자들의 재야생화, 개개비의 울음소리, 숲이 농장이다, 깨끗한 조리용 가열 기구, 여자아이들에 대한 교육, 지구를 복원시키는 친절한 행동들, 도시에서의 이동성, 아무것도 낭비하지 않기, 모든 것을 먹기 등등. 각 솔루션들이 어떻게 작동하고 효과를 만들어낼지를 이미 이루어지고 있는 사례를 통해 풀어낸다. 그리고 각 영역에서 할 수 있는 펀치리스트(미완료 사항 표)를 만들고 연결하라고 제안한다. 누구든 할 수 있는 것, 하고 싶은 것을 떠올릴 수 있게 한다.

탈성장이 미래라고 말하기는 쉽지만 그 미래를 어떻게 만들지를 말하지 않으면 루저나 별난 취향의 게토에 머물고 말 수도 있다. 탈성장은 도덕률이 아니며 경제 이론인 것만도 아니다. 탈성장은 규범이기도 하고 방법이기도 하고 느낌이기도 할 것이다. 미래를 그리는 시나리오에는 이런 요소가 다 있어야 한다. 아무리 거칠고 소박한 시나리오라고 하더라도 자신이 그려보고 맡을 배역을 생각해볼 수 있다면 우리는 더욱 잘 행동할 수 있을 것이다. 유일하게 올바른 시나리오가 아니라 다양하고 논쟁적인 크고 작은 탈성장 시나리오를 각자 그리고 집단적으로 쓰기 시작해야 한다.

II.
탈성장,
데팡스와 리추얼의
복원 이야기*

공규동

* 생태적지혜(2022,3,26 https://ecosophialab.com/).

탈탄소 사회는 물질적으로 빈곤한 사회일 수밖에 없다. 현재 규모의 경제는 탄소 감축 목표치와 사회 유지 사이에서 지속적인 감축의 방향으로 진행될 것이다. 탈성장 사회로의 전환에 대한 바타이유와 한병철의 이야기를 소개해 본다. 그 사상가들의 해법은 결국 공동체의 회복이라고 정리할 수 있다.

기후위기 시대의 인간의 대안적인 삶의 행태는 생태계에 대한 인간의 부하를 줄이는 방향으로 진행되어야 하고, 그 속도와 정도는 상당히 급진적으로 근본적으로 일어나야 한다. 따라서 탈성장은 피할 수 없는 사회의 미래가 될 전망이다. 그런데 탈성장이 단순하게 경제적 범주만이 아닌 것은, 성장도 탈성장도 정치, 사회, 문화와 촘촘하게 묶여 있기 때문이다. 탈성장의 모습을 신속하게 가시화하고 발전 단계의 시나리오를 만들어내야 하는 것은, 우리에게 주어진 시간이 별로 없기 때문이다. 중국사회주의가 1949년 혁명 이후, 앞선 정치 변화에 인민들의 삶의 문화가 정체되는 상황에서 베트남 전쟁이라는 외부적 위기에 대응하기 위해 문화대혁명을 폭력적으로 전개하여, 미시적 문화를 사회주의 문화로 바꾸려고 했던 것처럼, 기후위기 시대의 미시적 삶도 마찬가지이다. '기후'라는 변수는 인간 사회의 외부적 요인이며 어느 순간 대중의 삶을 통째로 바꾸려 들 것이다. 중국 문화대혁명이 혁명 이후 대표적인 과오인 것은 다시 말할 필요가 없다. 위로부터의 급진적 문화 개혁은 그만큼 쉽지 않다.

탈성장 사회의 삶과 문화에 대해 고민할 때 가장 근본적인 변화의 출발은 무엇일까? 자동차 문화를 바꾸고 주거 문화를 바꾸고 육식 문화를 바꾸기 위한, 모든 삶의 변화를 촉발할 핵심적인 이야기는 무엇일까? 그것은 바타이유의 데팡스,[*] 한병철의 리추얼의 회복이다.

바타이유와 데팡스

재작년(2021) 생태적지혜연구소에서 진행했던 제4회 콜로키움은 책『탈성장 개념어 사전』으로 진행되었다. 발제를 위해 책

---

[*] 물리적 정신적 한계 때문에 이용할 수 없는 에너지이고 시스템 내로 배분되거나 자연에 흩어져야 하는 에너지-물질이다. 존재하지만 이용할 수 없는 형태로 변환되어야 하는 에너지 물질이다.

을 읽는 내내 탈성장에 관한 이야기와 바타이유같이 어려운 철학자의 '데팡스' 개념이 책 전체에서 반복되고 있었다. 책의 저자들은 성장에 중독된 소비사회가 데팡스의 상실에서 출발한다고 주장했다. 그런데 구체적이지 않고 추상적인 철학 개념이 탈성장의 이해에서 이토록 중요하게 다뤄진다는 점이 내내 신기했다.

데팡스는 '사회적으로 남는 잉여 에너지를 처리하는 공동체적 방식'으로 정의된다. 바타이유는 사회적 에너지를 구성원들의 생명 유지를 위한 에너지와 잉여 에너지로 구분했다. 여기서 문제는 잉여 에너지의 처리 방식이었다. 근대 이전 사회는 잉여 에너지를 교회를 짓거나 커다란 궁전을 짓는 방식으로 처리를 했다. 잉여 에너지량이 얼마나 많은지는 3500년 전 생산력이 오늘날보다 현저히 낮았던 사회인 이집트가 만들어낸 피라미드를 보면 알 수 있다. 20세기 이후에는 잉여 에너지가 너무 많아서 유럽 전체를 두 번이나 부쉈다가 다시 건설하기도 했다(제1차, 제2차 세계대전).

잉여 에너지의 공동체적 사용 방식이 사라지자, 대중들은 잉여 에너지를 각자 자기 방식으로 소모해야 하는 상황에 놓이게 되었다. 생명 유지를 위해 집을 사고 쌀을 사고도 너무 많은 에너지가 남는다. 차도 더 큰 차로 바꾸고 고기를 실컷 먹었는데

에너지가 남아 있다. 문제는 에너지 사용 후 결과에 대한 불만이었다. 잉여 에너지를 사용하여 집을 꾸미고 차를 바꾼들, 그 결과는 과거에 비해 아름답지 않았다. 중세시대에 마을 사람들의 삶은 비루하고 가난했지만, 그들의 모든 에너지를 긁어모아 교회를 만들어 내고 마침내 일요일마다 모두가 모여 예비를 드린다. 타르코프스키의 영화 〈안드레이 류블료프〉는 내내 흑백 영화이다가 마침내 교회 종을 만들어내자 컬러로 바뀐다. 삶은 비루하지만 나의 에너지가 만들어낸 작품은 고귀했다. 파리에 노트르담 대성당이 만들어졌을 때, 벽돌 한 장의 기여를 했을 뿐인 그들조차 노트르담의 아름다움을 나눌 수 있었다. 프랑스대혁명 1주년 기념으로 건축된 에펠탑은 왕정 타파와 공화주의를 상징한다. 에펠탑은 전파 송출 수준의 기능을 제외하면 어떠한 사용가치도 가지지 못한다. 오로지 의미를 위해 건설되는 공공 건축물의 시대. 삶의 물질적 수준은 검소하더라도 도시는 동일 시에 빠져들 수 있는 대상이 도처에 있었다. 사회주의적 사실주의 건축물은 이와 같은 '선전 선동'을 위한 공공 건축물의 마지막 시대를 알린다. 그 이후 팝아트 시대의 도래와 함께 예술품도 상품 소비사회의 모습으로 나타난다. 이제 시대를 상징하는 건축물은 무한한 기업 이윤을 상징하는, 공동체로부터 완전히 벗어난 맨해튼 생명보험 빌딩, 엠파이어스테이트 빌딩과 같은 마천루의 형태로 등장한다.

데팡스를 잃은 개인의 삶이란

개인들은 교회나 성당, 시 광장의 멋진 시청사 건축물을 법적인 지분이 없이도 '소유'하면서 누리던 멋진 '착각'에서 분리된다. 그들이 자기들의 마천루를 쌓아 올리는 것처럼 자신도 자기 자신의 사유화된 공간을 화려하게 채워야 하게 되었다. 데팡스는 사라지고 잉여 에너지 사용의 권한은 개인화되었는데 개인이 아무리 돈을 벌어 사유공간을 꾸며 봐도 과거보다 화려하지 못하고 옆집보다 아름답지 못하다. 그래서 모두는 벌고 쓰기를 멈추지 못한다.

바타이유는 에너지를 생존 유지 에너지와 잉여 에너지로 구분했다. 개인은 이 두 가지를 명확하게 구분하지 못한다. 잉여 에너지인데도 불구하고 그것이 도시 사회의 물질적 최소 수준으로 착각하여 생존 유지 에너지로 이해하는 현상이 벌어진다. 80년대에는 방 두 칸에 TV, 냉장고, 세탁기 등이면 충분하던 '최소한의 삶의 물질적 조건'이 이제는 손꼽을 수 없을 만큼 많아졌다. 단지 생존 유지를 위한 노력만으로도 등골이 빠진다. 분당의 어느 교사가 전하는 그곳 고등학생들의 꿈이란 '자기 아버지만큼 살기'라고 한다. 당연하다고 생각하며 누려 온 물질적 조건을 유지하기조차 쉽지 않으며, 단지 지금 삶을 지속하는 것 자체가 목표가 되는 시대. 그것을 이루기 위해 십대 내내 학원에서 공부해서 좋은 대학 가야 하고, 직장 다니며 대출금을 갚아야 한다는 사실을 알게 된다. 이제 집 밖에도 집 안에도 고귀한 '내 것'은 없다. 가문의 목표는 물질적 생활 수준의 유지인 셈이다. 왜냐하면 그 수준이 그만큼 상당히 높기 때문이다.

추상적 존재 일반에게 자원은 넘친다. 반면에 개별적인 인간의 관점에서 보면 항상 자원은 결핍된 상태이다. 개별화된 인간들은 생존 문제에 집착한다. 애초에 개인은 지속가능하게 생존의 문제를 해결할 수 없다. 내가 사용하는 상품과 서비스를 어떻게 개인적으로 '해결'할 수 있단 말인가? 개인적으로 해결할 수 있는 방법은 존재하지 않는다. 따라서 그들은 항상 불안함에 시달리고 아무리 노력을 해도 생존의 안정을 찾을 수 없다. 자신에게 이미 주어진 과잉 에너지를 있는 그대로 낭비할 수 없는 강박에 빠진다.

투자의 시대, 아름다움은 쉬지 못한다

교토의 금각사에 칠해진 30킬로그램의 금은 투자의 입장에서 실패한 사례일 뿐이다. 600년 동안 방치된 자본. 그것으로 튤립에 투자를 하거나 사채시장에 고금리로 투자했어야 하는 것이다. 낭비해도 괜찮은 잉여 에너지인데도 불구하고 끊임없는 증식의 욕망에 시달린다. 데팡스가 사라진 시대의 자화상이다. 잉여 에너지를 낭비하지 못하고 생존 에너지에 투입하고 마는 전도현상이 나타난다. 인간은 고립되었고 마치 동물 상태로 돌아가 먹고사는 문제 해결에 최선을 다하는 것과 같은 상황이다.

탈성장 프로젝트는 삶의 의미를 집단적으로 구성하고 정치적 관심을 강조함으로써 데팡스의 복원을 말한다. 자본주의 담론들은 잉여 에너지를 사적으로 처리하도록 함으로써 개인들은 술, 카지노, 과시성 쇼핑, 개인 파티 등 데팡스를 개인화한다. '모든 이에게 페라리를!'이라는 구호가 정말로 이루어진다면, 그때 사람들은 페라리를 피아트라고 부르게 될 것이다. 개인적으로 삶의 의미를 찾는다는 것은 인류학적 환상이다. 혼자 의미를 찾는 것은 불가능하다. 탈성장의 주체는 사적으로 물건 축적을 열망하지 않는다. 관계 속에서 의미를 찾으며, 자기 자신 안에서 의미를 찾지 않는다. 성장의 신화 속에는, 결국 우리가 충분히 가진 다음에 무엇을 해야 할지에 대한 어려운 질문들이 빠져 있다. 데팡스의 부재가 성장에 매달리는 성과주체를 낳는다.

바타이유의 문제의식이 철학자 한병철에게는 다른 언어로 다뤄진다. 저서 『리추얼의 종말』에서 리추얼(ritual)은 의례(儀禮)이다. 의례는 관혼상제와 같은, 삶의 중요한 사건을 다루는 방식을 규정하며 종교 행사에서 더욱 확실하게 관찰된다. 리추얼의 반대쪽에는 진정성이 있다. 여기서 진정성은 즐거움, 슬픔, 가치 등 모든 인간의 감정과 판단을 포괄한다. 누군가의 부고를 들었을 때, 리추얼에서는 슬프지 않더라도 아이고, 아이고를 밤낮으로 외쳐야 하지만 진정성에서는 자신이 슬프지 않다면 슬픔을 나타내지 않아도 괜찮다. 리추얼의 대척점에 놓인 진정성의 세계는 에고를 중심에 놓는다. 여기엔 공동체의 여지가 없다.

에고를 중심에 놓을 때, 각각의 에고는 상호간의 진정성을 확인하는 지난한 과정을 거쳐야 비로소 집합을 이룰 수 있다. 따라서 에고 중심의 진정성이 강조되는 사회에서는 활발한 소통을 원칙으로 삼는다. 낱낱의 에고들, 개인들은 자신의 생각과 감정을 적극적으로 나누어야 한다. 반면에 공동체를 바탕으로 한 리추얼의 사회 속에서 개인은 무대의 배우로서 역할을 해야 한다. 이미 해야 할 일은 정해져 있으며, 그 속에서 맡은 바 역할을 수행하면 된다. 성당의 미사를 예로 보자. 역할을 맡은 자들은 신앙심 여부와 상관없이 노래를 부르고 행진을 해야 한다. 그런데 놀랍게도 리추얼에서 역할을 부여받은 자만이 누릴 수 있는 편안함이 있다. 그들은 무대 위에서 무슨 역할을 수행해야

II. 탈성장, 데팡스와 리추얼의 복원 이야기

하는지 분명하기 때문에 새로운 방식을 만들어내고 소통을 하기 위해 애써야 하는 과정을 생략할 수 있다. 발언권을 얻기 위해 증명해야 하는 에고 꾸미기로부터 벗어날 수 있다.

성과주체를 넘어 탈성장으로

공동의 축제에는 춤의 표현, 집단적 놀이 등 자신의 진정성과 독립된 역할이 있다. 초등학교 운동회를 생각해 보면 그곳은 규칙으로 가득 차 있다. 따라서 공동의 축제는 자신을 에고로부터 떼어 놓는다. 반면 오로지 자기를 경축하는 놀이를 찾는 자들은, 다시 말해 소망의 충족을 방향 설정의 기준으로 삼은 존재들은 자신을 더욱 강화한다. 자신을 더욱 자기스럽게 고양시키고자 꾸미고 가꾸는 사이, 더 많은 성과를 낳고자 노력하며 더 많은 소비를 하려고 든다. 독일어 자유(Freiheit)는 '친구들 곁에 있음'(bei Freunden sein)과 어원이 같다. 자유도 공동체에 기초해서 새롭게 정의 내려야 한다고 말한다.

성당에서 미사 때 사용하는 모든 '사물'은 개인의 것이 없다. 공동체 모두의 것이다. 개인의 사물은 함부로 다루고 변덕에 따라 버려도 괜찮지만, 공동체의 물건은 아껴야 한다. 미사 덕분에 잔을 부드럽게 다루고, 용기를 천천히 전체의 속도에 맞게 닦

으며 책 한 장도 침착하게 넘긴다. 사물들과 아름답게 교류하는 것은 공동체 속에서만 배울 수 있다. 소유한 상태에서는 결코 배우지 못할 것이다. 새로운 자극, 새로운 체험에 대한 강렬한 요구는 사실 강렬한 소비를 뜻한다. 사물과 느리고 아름답게 만나지 못하기 때문에 새로운 사물이 필요하며 과소비에 빠져든다. 한병철은 진짜 강렬함은 반복의 형태에 있다고 말한다. 바하의 골든베르그 연주곡을 좋아하는 저자는 '나는 새로운 것이 필요 없어요. 나는 반복을 사랑해요'라고 말한다. 공동체의 무대 위에 서 있는 자만이 사물과 예술과 관계를 맺을 수 있다.

온갖 의례, 리추얼에는 진정성이 없으며 형식적이라는 이유로 배척하는 것은 사실 공동체가 없기 때문이다. 전쟁에서도 기사도란 가치가 있던 시절에는 사람을 많이 죽이는 것이 진짜 목적이었다 하더라도 명예와 용기에 대해 말했다. 하지만 오늘날의 전쟁은 악의 세력에 대항한다는 의미보다 그저 용병과 같이 낱낱으로 나누어진 군인들이 전쟁의 진짜 진정성, 즉 누가 더 많이 죽였는가라는 득점표로 평가를 받는다. 성과만이 의미 있는 지표이며 나머지는 텅 빈 의미가 되고 만다. 리추얼은 삶에 구조를 부여하는 것이며 따라서 삶을 안정화한다. 리추얼에서 역할을 찾을 때 공동체에 속하게 되는 것이다. 한병철은 그렇다고 '과거로 돌아가야 한다는 것이 아님'을 밝힌다. '공동의 행위와 놀이의 새로운 형태들을 발명해야 한다.'고 말하며 자아의 저편, 소망의 저편, 소비의 저편에서 이루어지는 공동체를 조성하는 새로운 형태의 공동 행위들과 놀이들을 발명해야 한다고 주장한다.

기후위기 시대에 사회의 물질적인 빈곤은 확실해 보인다. 어떻게 탈성장을 실현할 것인지 논의를 해야 한다. 가속주의를 통해 신속한 전환을 설계하는 가운데, 공동체 회복에 대한 논의가 활발하게 이루어져야 한다. 공동체 없이는 탈성장을 견딜 수 없을 것이기 때문이다. 바타이유와 한병철은 생태주의를 문제의식의 중심에 놓았던 사상가들이 아니다. 그런데도 불구하고 현대사회의 병리적 문제를 성찰하는 가운데 소비사회가 문제의 한가운데 있음을 말하며 그 해법으로는 공동체를 회복해야 한다고 주장한다. 구체적인 논의는 쉽지 않을 것이다.

III.
탈성장 사회 비전과
전략*

신승철

*   모심과살림연구소 생명포럼 발표문(2022 봄).

전환사회로의 비전으로 제출되는 탈성장 사회의 전망이 아직까지 희뿌연 이미지나 상으로밖에 등장하지 못하는 상황이다. 탈성장 사회는 가난을 신조로 한 도덕주의/영성주의가 장악한 사회가 아닐 것이다. 도덕주의/영성주의는 소수만이 허락된 좁은 문이기 때문이다. 그렇다고 탈성장 사회가 이데올로기가 장악한 이념형 사회도 아닐 것이다. 이데올로기를 주창하는 근대적 주체가 그 일을 해낼 수 없을 것이기 때문이다. 전환사회의 비전과 전략을 말하는 사람들은 산업 재편과 생활양식 재편에 대해서 언급한다. 하지만 이 역시 이야기 구조가 빈곤하기 그지없다. 어디서부터 어떻게, 그리고 무엇부터 바꾸어야 할지, 어떤 삶의 방식을 채택해야 할지에 대한 이야기 구조의 빈곤에 직면한 탈성장 논의는 아직 시작도 못하고 있는 형국이다. 그러나 우리 앞에 놓인 현실은 기후위기에 제대로 대응을 하려면 IMF 사태 때의 감축 규모의 두 배를 매년 줄여 나가야 하며, 2030년까지 물질발자국을 1970년대 수준, 즉 현재의 1/10 정도로 맞추어야 하는 것이다. 결국 집단적인 무기력 지층과 원자화된 개인의 무력감이 드러나고 있다. 탈성장 사회는 그저 꿈이거나 이상은 아닐 테지만, 어떻게 이야기를 꺼낼지 군색하다. 우리는 탈성장을 이념으로 만들지는 않을 테지만, 치열하게 사회구성체의 재편과 재배치 속에서 전략과 방향성에 대한 이야기 구조를 설립해야 할 것이다.

생활양식의 적극적인 재편

우리 삶을 지배하고 있던 성장주의적 삶의 방식, 다시 말해서 성공주의, 승리주의, 자기계발, 속도, 효율성, 경쟁 등의 통속적 문명의 삶의 양식의 재편이 필요하다. 이는 능동적 전환에서는 느림과 여백, 삶과 실존의 재발견을 통해서 이루어질 가능성이 농후하지만, 수동적 전환에서는 패배주의적인 마인드나 우울, 감쇄, 후퇴 등으로 나타날 가능성도 있다.

자신의 삶의 이야기 구조를 바꾸는 것이 먼저 필요하다. 그렇게 되기 위해서는 근대 주인공 담론의 주체-대상의 이분법을 허물고, 대상으로 간주했던 자연과 생명의 객체지향적인 마인드로 역행(involution)해야 한다. 여기서 역행은 '안으로 되말리는' 것으로 자연과 생명을 향해서 되감기는 방식의 객체지향의 삶의 방식, 즉 농(農) 가치의 부활을 의미한다. 가족주의적인 습속에서 벗어나 대안적 친척을 동물, 식물, 사물, 기계, 미생물과 함께 구상해야 할 것이다. 이를 통해서 안으로 되말리는 과정은 혁명(revolution)과 같이 밖으로 파열되는 것은 아니지만, 그 순환과 재진입의 속도를 높이면서 생활양식의 궤도를 탈성장으로 연착륙시킬 것이다. 통속적인 생활양식으로서의 TV, 육식, 자동차, 아파트, 마트, 일회용품 등의 가시적인 분야에서의 변화도 수반될 것이지만, 보이지 않게 삶의 지향성을 바꾸는 것이 우선적일 것이다. 탈성장 전환사회는 완벽한 다른 생각, 다른 생활양식을 창안할 것이다. 우리가 갖고 있는 에너지를 모두 사용할 만큼 바쁘고 활력 있는 삶 속에서 탈성장 전환사회의 가능성의 창이 열린다. 자동적이고 편리한 방식, 찰나의 단기적인 이득을 추구하는 삶의 방식은 저편으로 사라지고, 생명과 자연을 돌보는 무수한 활력을 발견하기 위한 징후적인 사회 구성체의 설립이 가능하다.

녹색전환의 가시화

녹색전환은 산업 재편과 더불어 '정의로운 전환'으로서의 노동자의 소득과 일자리 보장 등을 포괄하는 전환의 프로그램이다. 녹색전환에서 전환의 의미는 transition으로서의 자리바꿈의 전환도 생각할 수 있지만, 근본적으로는 체제전환으로서의 transformation이 상정된다. 탈성장 전환사회로의 이행기 전략이 부재한 상황에서 급격한 전환이냐 점진적인 전환이냐의 논쟁상으로는 전환 과정을 설명할 수 없다. 문제는 점진적인 전환에 비용 문제가 수반된다는 점이다. 재생에너지나 전기자동차, 수소용광로 등의 성장 기반 산업 형태를 유지한 채 이루어지는 점진적인 전환 비용은 천문학적이다. 그렇기 때문에 녹색전환 자체를 전통적인 농업문명 형태로 전환하는 '문명의 전환'이라는 담론이 힘을 얻고 있는 중이다. 현재 녹색전환을 주장하는 녹색진영에서는 사실상 이행기 전략 논의를 가시화해야 할 시점이다. 무엇보다도 생활양식의 재편으로는 부족하고 산업 재편을 논의해야 한다는 목소리도 힘을 얻고 있다. 다시 말해 녹색 구조조정 과정은 필수적일 수밖에 없다. 왜냐하면 문명의 전환이라는 급격한 전환이 있기 전에 과정형적이고 진행적인 산업 재편의 점진주의를 채택할 필요가 있기 때문이다. 그런 점에서 녹색 구조조정 항목과 재편 이후의 산업 양상의 구체적인 상과 가이드라인이 요구된다. 그렇지 않다면, 급격한 전환으로 인한 혼란과 붕괴를 피할 수 없게 된다. 우리가 포기할 수 없는 네트워크나 민주주의 등은 기술과 화폐에 기반한 녹색전환의 프로그램이다. 생태민주주의를 포기하고 생태 권위주의로 향하는 움직임조차도 가시화되고 있는 시점에서 이행기의 전략에 대한 논의가 구체화되어야 한다. 자본주의 문명이 유지되는 한 녹색 전환이 불가능하다는 점에서의 체제전환파의 심대한 압박과 기후행동은 가속화될 것이다. 자본 역시 인류 멸망의 필패의 전망 속에서 결국 산업 재편으로 나아갈 것이지만 불평등, 기후정의, 민주주의 문제는 더욱 크게 다가올 수밖에 없을 것이다. 그런 점에서 녹색전환은 구체적인 기후행동 없이는 저절로 이루어지지 않으리라는 것도 분명해지는 시점이다.

산업 재편 시 협동조합으로 다시 모이기

'산업 재편 시에 어떤 방식으로 일자리 전환과 소득 보장이 가능할까' 하는 물음에 이행기의 전략은 응답해야 한다. '정의로운 전환'이라는 슬로건은 이에 화답하는 방법론 중 하나이지만, 구체적인 프로그램이나 시스템 짜기에는 부족한 감이 있다. 이를테면 '자동차 엔진 산업 노동자의 대부분은 어디로 재배치되어야 할까'라는 질문이 그것이다. 이에 대한 응답으로 노동조합 단위로 모인 노동자들의 조직 형태를 협동조합으로 전환하여 녹색산업에 재배치하는 방안이 제출될 수 있다. 이는 개인적인 단위로 분해되어 '자활' 같은 방식으로는 문제를 해결할 수 없다는 분명한 인식에 기반한다. 물론 교육 훈련 과정에서 첨단기술산업 중심의 일자리 전환을 위한 대응도 필요하다. 하지만 일자리 자체가 사라지고 있는 시점에서, 일자리 보존을 위해서 사회적 경제로 경제 체제 자체를 재편하는 방식이 좀 더 본질적인 대안으로 떠오른다. 그러나 질 나쁜 일자리나 소득 저하를 감수하는 문제에 대한 사회적 합의는 필수적인 것으로 판단된다. 그런 점에서 임금 인상 중심이나 산업 재편을 해고로 받아들이는 기존 노동조합과의 사회적 합의는 반드시 필요하다.

특히 그 과정에서 산업 재편을 보이지 않게 장기적인 방향으로 암암리에 추진하여 그 충격을 개인책임으로 만들어 비가시화하려는 자본의 시도도 깊이 들여다보아야 한다. 그런 점에서 비가시적인 것을 가시화하여 의제화하지 않는다면 정의로운 전환은 진전될 수 없다. 특히 정의로운 전환 과정에서 협동조합의 포용력과 수용력은 새로운 의제가 될 것이다. 지금처럼 협동조합이 사업 유지 문제에 매몰되면서 공공에 의탁하는 형국 하에서는 노동조합의 협동조합으로의 전환이나, 노동자와 실업자 등을 포괄하는 수용력 있는 협동조합은 기약할 수 없다. 사회적 경제 단위에서의 대대적인 기후위기 대응 프로그램 구체화와 세심한 접근이 이루어져야 하는 것이다. 그런 이후에야 비로소 사회적 경제가 기후위기에 대한 선도성과 혁신성을 보여주게 될 것이다.

돌봄 모듈의 강화와 돌봄의 가치화

돌봄 기본소득과 같이 돌봄의 가치를 현재화하는 방향성은 탈성장 전환사회의 강력한 마중물이라고 할 수 있다. 돌봄하고 돌봄 되는, 상호작용이 강렬한 돌봄 모듈에 사회적 지원이 이루어져야 하며, 이러한 사회 구성적 실천의 가장 기초적인 토대인 돌봄 모듈에 대한 지원과 사회화 과정에 대한 논의가 이루어져 한다. 유아기의 절대 돌봄, 청년기의 자기 돌봄, 결혼 시기 동안의 서로 돌봄, 중장년기의 배치 돌봄 등 돌봄 모듈의 생애사적인 검토가 이루어져야 한다. 동시에 아침 기상부터 아이의 돌봄 기관 보내기, 부모님 주간보호센터 보내기 등의 시간대별 돌봄과 관련된 시나리오적 접근을 통해 돌봄 공백을 미연에 방지하는 대처가 요구된다. 특히 영케어러 등에 대한 현실적인 수준의 보상과 가치화를 통한 사회화된 시스템의 보완이 이루어져야 한다. 돌봄의 가치화 영역은 그저 돈을 제공하는 수준이 아니라, 돌봄 프로그램과 돌봄 다이내믹 시스템의 지원이 필요하다.

이에 따라 돌봄 모듈의 설립을 사회적으로 권장하고 지원하는 다양한 물적 토대를 구축하도록 해야 한다. 돌봄의 잠재력이나 보이지 않는 역량에 대해 돌봄의 가치화가 가치를 저평가하는 입장에 서는 것이 아니라, 돌봄 프로그램과 돌봄 시스템을 통해서 보완할 수 있는 방안이 필요하다. 돌봄 프로그램이나 돌봄 시스템은 비교적 비용이 들지 않는 방법 중 하나로 평가되고 있으며, 힐러리 코텀의『레디컬 헬프』(착한책가게, 2021) 등에서 이미 단상과 방법론이 제시되었다. 다시 말해 공공복지 시스템을 통해서 돌봄을 해결하려 할 때 직면하게 되는 고비용, 저효율의 문제를 해결할 수 있는 것이다. 돌봄 프로그램이나 돌봄 시스템은 돌봄 모듈 형성의 동기와 자원, 활력을 제공하는 사회적 지원 방안이 될 것이다. 결국 사회구성체의 기반이 되는 돌봄 모듈에서의 강렬한 상호작용의 이야기 구조와 자원순환 등에 대한 구체적인 전략이 요구된다.

관계 중심의 풍요 모델

지금까지의 문명은 자신과 관계없는 사람의 정보와 소식을 접하고, 자신과 관계없는 사람과 거래를 하고, 자신과 관계없는 사람과 벽을 맞대고 잠을 자는 상황이었다. 이제 탈성장 전환사회는 이를 실질화하여 관계 중심의 판을 새롭게 짜는 것으로부터 시작해야 한다. 도시 중심 사회에서 고립된 개인들이 소외,

무위, 고독, 외로움, 고립 등을 벗어나서 관계 속에서 일을 도모하고, 생활세계 속에 가족, 이웃, 친구 등을 개입시켜 풍요롭게 만들어야 할 것이다. 이를 위해 공동체와 네트워크의 역할이 지대하다. 공동체는 근접거리 관계망 속에서 서로의 깊이와 잠재성을 응시하는 판이어야 하며, 네트워크는 원거리의 관계망까지 포괄하면서 비스듬하게 관계 맺는 방식의 판이어야 한다. 혼자서 하는 일을 최소화하고 관계 속에서 해내는 일을 늘려 나간다면, 결국 자원-부-에너지가 개인에게 독점되지 않고 많은 사람들과 공유되어 관계를 풍요롭게 만드는 풍요 모델을 만들어갈 것이다. 이러한 관계의 풍요는 많은 연구자들이 탐색해 왔지만, 그것이 어떻게 관계의 실질화를 이룰 것인지 아직은 해답을 찾지 못한 상황이다. 관계의 풍요 모델은 이야기 구조가 없는 상품 중심이 아니라, 이야기 구조가 있는 선물 중심의 호혜와 증여의 판을 의미한다고 일컬어진다. 기후위기 시대에 관계의 위기에 직면한 사람들이 봉착하는 문제가 이야기 구조의 위기라는 점을 고려한다면, 결국 수많은 이야기꾼을 양성하는 것이 관계의 풍요 모델에 접근하는 경로라는 사실이 드러난다. 사회구성적 실천으로서의 관계 중심의 풍요 모델은 결국 자원의 축소에도 불구하고 이를 상쇄하는 관계가 제공해주는 다양한 혜택과 풍요, 그리고 가난의 이야기 구조를 재건하고 구성하는 것을 의미한다. 결국 기후위기라는 거대한 문제 앞에서 여러 이야기 구조를 구성하면서 탄력성과 다양성의 여러 모델을 구축하는 것이 해결의 경로일 수 있다.

기본소득의 전면화

코로나19 팬데믹 상황에서 재난기본소득의 색다른 실험이 대규모로 이루어지면서, 이제 기본소득은 식자층의 이상이나 꿈이 아니라, 제도가 선택할 수 있는 경우의 수 중 하나가 되었다. 그런데 기본소득의 전면화 과정에서 MMT(Modern Monetary Theory: 현대화폐이론)과 같이 국가가 직접 돈을 찍어 시민에게 나누는 주권화폐의 개념이 제도적 상상력을 발휘하기도 했다. 그러나 이는 발권국인 1세계에 한정된 이야기이다. 이 실험의 한계는 화폐 가속주의를 통해서 오히려 화폐의 감축이 아닌 화폐의 풍요속에서의 탈성장 모델을 제공하고 있다는 것이다. 물론 인류학적으로 조개껍데기 화폐가 유통되면서도 거대한 폐총이 그 곁에 있었던 흔적도 있다.

우리는 기본소득의 상상력을 탈성장과 연결시키는 방안과 이행기의 전략을 고민해야 한다. 물론 노동과 소득, 자본과 소득의 고리를 끊어낸다는 기본소득의 장점이 있지만, 여전히 성장주의 기반의 재원 마련에 머물고 있는 것이 한계라고 할 수 있다. 그러므로 탈성장과 기본소득을 연결하기 위해서는 화폐의 민주주의에 대한 심대한 연구가 필요하다. 펠릭스 가타리는『안티 오이디푸스』(민음사, 2014)에서 민주주의의 가속화가 봉건제의 잔재인 아버지의 표상으로 등장하는 자본과 권력을 분쇄할 것이라고 전망했다. 이러한 가속주의 입장이 탈성장과 결합되기 위해서는 기술과 화폐에 대한 생태민주주의의 이행기 전략이 구체화되어야 한다. 만약 불평등과 기후정의 문제를 화폐의 민주주의로서의 기본소득이 해결하고자 한다면, 이는 생태민주주의가 더욱 가속화되어야 한다는 점을 드러낸다. 그러므로 기술과 화폐를 자본과 권력을 강화하는 방향성이 아니라, 생태민주주의의 첨단점이 되게끔 만드는 전략적 논의가 필요하다. 결국 탈성장으로 향하는 과정형적이고 진행형적인 측면을 생태민주주의 방식으로 만들어나가야 한다는 과제가 등장한다.

농(農) 가치의 실현

농업으로의 전환은 문명의 전환에서 핵심적인 이행기 전략이다. 농업은 기후위기로 인한 식량위기에 대응하기 위한 직접적이고 효과적인 방안이면서, 동시에 녹색기술을 통한 점진적인 전환이 아닌 전면적인 생활양식의 전환, 즉 문명의 전환으로 일컬어져 왔다. 농 가치의 실현과 관련해서는 농촌, 농민, 농업이라는 3농뿐만 아니라, 도시농업, 마을텃밭, 상자텃밭 등의 색다른 도시 유형의 농 가치 지향의 삶에도 주목해야 할 것이다. 1990년대 쿠바의 유기농업 사례처럼 전환의 시점에서 농 가치를 통한 대응방안은 풍부한 이야기 구조와 상상력을 자극하는 면이 있다. 지역의 농업 로컬푸드와 먹거리를 연결하는 푸드플랜은 식량 위기에 대한 대응만이 아니라, 농 가치의 전면화에 대한 프로그램을 가지고 있어야 한다. 현재와 같이 전 지구적인 물류 유통인 로지스틱스에 기반하여 77% 정도의 먹거리를 수급하고 있는 한국의 상황에서 농업과 먹거리의 연결은 매우 중요하며, 동시에 농업 분야에 대한 자본의 개방 압력과 축소 요구 등을 극복할 수 있는 생태주의 운동이 필요하다.

한편으로 유럽의 농 가치의 실현이 68혁명 시기에 히피라고 불리던 생태공동체 운동의 탈주선에 따라 설립되었다는 점에 주목해야 한다. 다시 말해 농 가치의 실현은 단순히 제도 설립과 청년층 행동 유인책 등으로는 이루어질 수 없으며, 거대한 욕망해방, 정동해방의 물결이 필요하다는 것이다. 다시 말해 탈성장 전환사회는 활력과 욕망이 축소되는 것이 아니라, 농 가치를 향해 폭발하고 거대한 탈주의 물결을 만듦으로서 전면화될 수 있을 것이다.

커먼즈 중심의 경제 구조 설립하기

커먼즈는 기본자산 개념의 토지, 자본, 화폐의 요구를 불식시킬 유일한 방안이다. 커먼즈는 관계의 풍요 속에서 공유자산, 공통재, 공유지 등을 살찌우고 양육할 수 있는 공동체의 공동 규약과 자치 규약의 설립을 유발할 것이다. 신자유주의 국면 이래 끊임없이 개인으로 분해되던 사람들의 관계망과 배치를 설립할 때 그것은 커먼즈에 대한 시대적 요청과 공진화할 것이다. 물, 공기, 대지 등만이 아니라, 예술, 오픈소스, 지식체계 등에서 커먼즈 기반의 판을 설립할 필요가 있다. 그동안에도 커먼즈의 실험이나 빈틈과 여백 속에서의 실천이 있었지만, 탈성장 전환사회에서 커먼즈의 역할은 본격화, 전면화할 것이다. 커먼즈에 기반하면 상품 질서의 의도적 진부화의 반대 효과인 의도적 게토화 상황에 직면하게 된다.

의도적 게토화는 효율적이고 속도감 있고 유능한 방법보다는 느리고 비효율적이고 자율적인 지평으로의 이행을 뜻한다. 그것은 여백이 있기 때문에 이야기 구조와 상상력이 들어갈 틈을 개방하고 사람들의 참여와 자치를 유발할 것이다. 사람들에게 내가 나서서 해야 할 일이 있으며, 공동으로 추진해야 할 가난과 여백이 있다는 점을 알려주기 때문이다. 그렇기 때문에 커먼즈 기반의 경제구조는 자율성의 미시정치의 판을 개방하는 것을 의미한다. 그렇게 하고도 경제가 작동하는 것은 그 경제가 돌봄과 살림의 여백을 갖고 그 후과로 작동되기 때문이다. 그렇기 때문에 커먼즈 기반의 경제는 기존 자본과 권력의 집중적이고 중앙집중적인 방식이 아니라, 책임이나 동기, 목적 등이 분산되고 생태민주주의에 따라 작동할 수밖에 없는 경제의 방식을 따를 것이다.

수직은 수축, 수평은 팽창

권위와 위계는 권력과 자본의 집중성과 수렴성 때문에 발생한다. 그것은 민주주의에 역행하는 자본주의 내의 봉건제적인 잔재이다. 민주주의는 사회 불평등, 빈곤, 차별, 위계, 차등을 줄여나가는 과정에서 더욱 풍부해진다. 이를 아나키즘적인 이데올로기로 간주하면서 이상이나 꿈같은 일로 치부하는 것은 오류이다. 오히려 민주주의를 전면화하고 가속함으로써 권력과 자본의 고정관념과 응고물들을 퇴출시킬 필요가 있다. 이는 생활양식에서의 민주주의, 즉 생활 속 민주주의와 미시정치로서의 생활정치를 전면화하는 것을 의미한다. 권력과 자본에게서 목을 축이며 그에 의탁해서 문제를 해결할 수 있다고 생각하는 것은 하나의 문제 해결을 위해서 다른 문제점을 자초하는 것에 불과하다. 문제는 수직 지점에서의 불평등과 차별, 배제에 있지만, 그 해결 방안은 다시 하나의 수직으로서의 단일전선(계급전선)에 집중시키고 수렴시키는 것에 있지 않다. 오히려 수평으로서의 민주주의를 강화하기 위해 끊임없이 수직선과 수평선 사이의 횡단선을 그리는 미시정치가 필요하다. 결국 수직으로서의 차별, 불평등, 위계를 기능정지하고 파열시키기 위해서는 신중하고 주의를 기울여 삶에서의 이행 전략을 구사해야 한다. 이는 민주주의를 풍부하고 다양하게 만드는 것이 탈성장 전환사회임을 분명히 하는 것으로써, 생태 권위주의와 에코파시즘이라는 극우파들의 논리에 대항전선을 구축하는 것을 의미한다. 우리는 신중하게 모든 지점에서 민주주의를 적용하고 민주주의를 가속화할 입자가속기를 찾고, 수직을 무력화할 수평의 영향력 확대를 위한 횡단성의 미시정치에 착수해야 하는 것이다.

노동에서 정동(affect)으로의 이행

초기 마르크스의 '산 노동' 개념은 정동으로서의 생명력과 활력 개념과 통하는 바가 많다. 그러나 현재의 노동은 작업(work)으로서의 의미가 더 크고, 정동과는 거리가 멀어져 있다. 동시에 노동의 퇴조는 '노동의 종말'을 운운할 정도로 작업 현장에서 노동자를 퇴출시켜 왔다. 이를 둘러싼 자동화 과정은 결국 인간의 역할축소로 향할 것이라고 생각하는 경향이 생겨난다. 그러나 사실 현대사회에서 인간의 핵심 역할은 이미 정동(affect)이라는 개념으로 이행해 있다. 탈성장 전환사회는 노동을 축소하고 소득으로부터 노동의 고리를 끊어내며, 정동으로서의 활력을 배가해야 하는 상황이다. 다시 말해 경제 이후에 살림이 있는 것이 아니라, 살림(=활력) 이후에 경제(=자원)가 뒤따르는 상황으로 역전되는 것이다. 여기서 정동은 정서와 감정의 이행 과정에서 발휘되는 힘과 에너지이다. 우리가 뾰족한 나이프와 포크를 보면 두려움과 공포의 감정과 정서가 생길 수도 있지만, 정동은 나이프와 포크를 가지런히 배열해서 '맛있다'로 이행시킨다. 탈성장 전환사회는 정동으로서의 돌봄, 모심, 살림, 보살핌 등이 더욱 중요한 사회가 될 것이다.

그런데 자본주의는 발빠르게도 노동을 정동으로부터 분리시켜 상품화하고 자본화하는 것에 머무는 것이 아니라, 정동 자체의 자본화를 더욱 강조하는 상황이 도래했다. 이렇게 해서 다시 정동자본주의(=플랫폼자본주의) 하에서는 플랫폼의 판 위에서 옷고 울고 즐기고 활력을 발휘하다 보면 그 이득은 모두 플랫폼이 가져가는 상황이 초래되었다.

이러한 정동의 흐름에 대한 포획 과정에도 불구하고, 정동은 사회 재구성과 전환, 인류 재건의 원동력임에는 분명하다. 탈성장 전환사회는 욕망과 활력, 정동이 더욱 풍부해지고 폭발적으로 증대된 사회가 될 것이다. 이는 탄소 기반의 경제에서 보여주던 편리함과 나태함, 둔함 등과는 관련이 없는 활력, 생명력, 힘이 들끓는 새로운 사회상이다. 동시에 정동의 욕망가치(=정동의 강렬한 가치)가 기계류 형성에 기반이 되기 때문에 기본소득에 대한 요구도 전면화하는 사회가 될 것이다.

생태적 지혜의 전면화

탈성장 전환사회의 도래가 필요하고 필연적인 이유를 기후 위기, 생태계 위기 등으로 설명하는 사람들이 꽤 있지만, 그것을 실행할 수 있는 이행기 전략에 대해서는 대부분 침묵한다. 결국 지식과 정보에 따라 임박한 위기를 느끼는 것으로는 충분치 않다는 얘기이다. 지금이야말로 생태적 지혜의 방법론이 다시 전면에서 논의되어야 할 시점이다. 생태적 지혜는 공유지에서의 지혜나 연결망의 지혜로 불리는데, 발효, 약초, 종자, 식생,

요리, 저장, 벌레 퇴치 등에 대한 암묵지, 노하우, 습(習)으로서의 지식 체계를 의미한다. 생태적 지혜는 여러 모델을 넘나드는 메타모델화에 따라 탄력성을 추구하며, 그런 점에서 하나의 모델에 집중하여 효율성을 추구하는 아카데미의 방법론과는 다르다. 탈성장 전환사회로의 이행기의 전략을 그릴 때 생태적 지혜의 유효성은 이루 말할 수 없이 크다. 탈성장 전환사회를 시스템적으로 완결되고 효율적인 질서라고 볼 수 없는 이유는, 그것이 생태적 연결망으로서의 사회, 자연, 마음과 관련되어 있기 때문이다. 오히려 대충, 어림짐작, 주먹구구식의 그림과 도표 속에서 그 방향에 필요한 여러 시스템에 대한 교차적이고 탄력적인 적용을 통해서 구체화하는 노력이 요구된다. 동시에 그 과정에서 이념적이고 완결적인 이행기 전략 논의가 아니라, 과정적이고 진행형적인 논의가 비로소 가능하다. 이를 위해서는 끊임없이 '왜?'를 질문하면서 이유와 본질을 확인하려는 강박을 버리고, '어떻게?'를 질문하면서 작동과 양상으로서의 문제제기의 깊이와 잠재성을 풍부하고 다양하게 만드는 것이 필요하다. 탈성장 전환사회의 이행기 전략은 과학적이고, 이념적인 것이 아니라, 예술적이고, 미학적이고, 철학적이고, 사회학적인 다양한 모델을 넘나드는 메타모델화 과정의 탄력적이면서도 대체로 적응된 바에 따르기 때문이다.

네트워크의 보존과 다이내믹 시스템 구상

생태민주주의는 기술과 화폐 등에 기반하기 때문에, 그것을 포기하는 탈성장 전환사회로의 급격한 전환이 오히려 퇴행으로 인식될 수 있다. 기술 중에서도 포기할 수 없으며 재전유되어야 할 기술이 바로 네트워크라고 할 수 있다. 네트워크는 사물, 기계, 생명, 인간 간의 본질과 이유를 연결하는, 기존의 동일시나 공감의 방식을 넘어서 하나의 코드와 다른 코드를 비스듬히 연결하는 횡단적인 관계망을 열어냈다. 이를 통해서 자율성의 여지를 극대화하였으며, 동시에 간(間)-네트워크 사회의 가능성을 열었다. 네트워크를 통해서 민주주의는 더욱 세밀해졌으며, 시민들은 수직과 수평, 코드와 코드, 사물과 사물, 생명과 생명, 모델과 모델 사이를 비스듬히 횡단적으로 연결하는 민주적인 방법을 학습할 수 있는 기회를 얻게 되었다. 이를 통해 자본과 권력의 고정관념이나 응고물을 넘어서 민주주의가 만들어낸 기술사회에 대한 구상이 등장하였다.

특히 네트워크는 지식과 정보, 코드의 생태계를 조성함으로써, 차이를 낳은 차이로서의 색다른 다이내믹 시스템을 구상할 수 있는 토대가 되었다. 그런 점에서 네트워크의 다이내믹 시스템에 대한 구상은 생태주의를 자연주의라는 자연발생성과 자연

치유력의 신화로부터 구출하고 제도주의와 결합된 생태계를 개방하고, 공동체를 동질적이고 평균적인 집단화로부터 구출하여 가까이에 있는 존재의 깊이와 잠재력을 재발견할 수 있는 바로 향하게 했다. 이런 점에서 네트워크의 다이내믹 시스템은 복잡계로서의 사물, 생명, 인간 공동체, 자연 등의 질서를 재창안 할 수 있는 원천이 되었다. 인류는 네트워크와 같은 기술 영역을 포기하고 탈성장 전환사회로 나아가서는 안 되며, 오히려 네트워크를 통해서 색다른 탈성장 전환사회를 구현하기 위한 이행기 전략을 구사해 나가야 할 것이다.

호혜와 증여의 커뮤니티 조직화

호혜와 증여의 커뮤니티는 선물을 주고받으며 관계가 성숙되는 내발적 발전이나 커뮤니티 비즈니스 등의 상상력을 발동시켰다. 이는 마르셀 모스의 『증여론』이 던져주었던 인류학적인 탐색에서 시작하여 칼 폴라니의 『거대한 전환』까지의 맥락과 이야기 구조를 가지고 있다. 그러나 이 이야기 구조에서 하나 염두에 두어야 할 점은 커뮤니티와 커뮤니티 사이의 거래와 교역은 자유무역이나 자유시장에게 맡겨 두는 측면이 있다는 점이다. 다시 말해서 친밀하고 유대적인 커뮤니티 관계망 외부의 존재는 낯선 익명의 사람들로 타자화하여 시장의 논리를 그대로 관철하고 있는 것이다.

탈성장 전환사회는 이러한 타자화된 질서를 자본화라는 이야기 구조로 바꾸어놓는 것을 반대하면서 출발할 것이다. 오히려 커뮤니티와 커뮤니티 사이 배치 속에서의 이행기 전략을 구사하는 것이 필요하다는 점에서, 배치와 배치 사이, 맥락과 맥락 사이의 관계 설정이 더 중요해진 상황이다. 탈성장 전환사회의 상과 이미지는 우애와 환대 사이에서의 거리 조절이라는 이야기 구조를 갖추고 있다. 그런 점에서 배치 속에서의 우애와 배치와 배치 사이에서의 환대라는 측면에서 환대가 작동하는 커뮤니티와 커뮤니티의 사이 배치가 굳이 시장의 질서나 이야기 구조의 자본화로 나타나는 것으로 한정짓거나 포기할 필요가 없다. 오히려 사이 배치 속에서는 배치와 배치 사이와 곁을 비스듬히 연결하는 네트워크와 같은 새로운 증여와 호혜의 풍요가 나타날 가능성이 높다. 따라서 오히려 탈성장 전환사회는 커뮤니티의 이야기 구조에 머물러 이를 자본화하는 것이나, 커뮤니티와 커뮤니티 사이를 타자의 영역으로 던져 시장에 맡겨 두는 것이 아니라, 사이 배치를 횡단 코드화하는 네트워크 질서를 통해서 새로운 수준의 증여와 호혜의 관계 맺음을 구상하는 것으로 향한다. 그런 점에서 익숙하고 친밀한 사람들 사이에서 증여와 호혜를 통해 탈성장 전환사회로 향하는 것뿐만 아니라, 익명의 커뮤니티와의 교류와 교섭 속에서도 새로운 수준의 증여와 호혜를 통해 탈성장 전환사회로 향하는 것도 이행기 전략 중 하나라고 할 수 있다.

나서는 자가 아닌 판짜는 자 중심의 양육자 모델

탈성장 전환사회는 근대 주인공 담론의 주인공-관객, 주체-대상, 실험자-피실험자 등의 구분으로부터 자유로운 n개의 지평을 여는 것을 의미한다. 즉 리더십을 발휘해서 주인공이 나서면 이에 계몽된 대중이 따라나서는 구도가 아니고, 다양한 주체성들이 아우러져 함께 화음과 리듬을 조율하는 것이기 때문에, 판짜는 자의 역할이 매우 중요한 시대이다. 결국 판짜는 자는 나서는 자를 만드는 과정에 한정되지 않고, 색다른 과제인 판짜는 자로서의 주체성 생산의 임무를 띨 것이다. 탈성장 전환사회는 나서는 자의 한 편의 드라마 같은 동화를 그려내지 않을 것이며, 그 과정에서 다소 불편해지고, 타협하고, 갈등하고, 주저하는 등의 입체적인 주체성 양상을 잘 조율해내서 일관된 방향으로 향하게 하는 관계망과 배치의 판을 생산하는 자들의 이야기로 가득할 것이다. 그것은 자신의 뒤주나 곳간에 곡식이 없음에도 자식들을 먹여 살려야 했던 오래전 어머니의 심정으로 돌아가는 것일 수도 있고, 나아가 적정 수준으로 자원과 소비 규모를 맞추어내는 미학적인 과정으로서의 살림꾼의 모습일 수도 있고, 생명, 자연, 사물, 기계를 양육하고 부추기고 도모하면서 함께 살아갈 길을 찾는 소농의 모습일 수도 있다. 공동체에서는 모두가 판짜는 자이기 때문에 다소 어눌하고 세련되지 못하고 뒤로 주저주저하면서 자리를 다른 사람에게 내주려고 한다. 근대의 주인공 담론은 공동체를 무시하고 오히려 계몽해야 할 대상으로 보는 위선과 오만을 보임으로써 인간중심주의라는 문제를 낳았다. 판짜는 자의 전통의 복원은 결국 자신만 잘 살려고 하는 것이 아니라, 관계망과 배치 속에서 공존하고 공생하려는 노력으로 나타난다. 동시에 생명과 자연으로부터 갈취하고 추출하고 채굴하는 입장이 아니라, 그 생명력을 고무시킴으로써 스스로도 함께 살아갈 길을 모색하는 것이 진정한 판짜는 자의 모습이라고 할 수 있다. 탈성장 전환사회는 대규모 주체성 생산으로서 판짜는 자를 만들어낼 것이다.

공생과 공-산(synpoiesis)의 모델

탈성장 전환사회는 살림과 돌봄의 자기 생산의 행위자 모두를 인정하면서 그 모든 존재의 공생과 공산 입장에서의 공동생산, 공동제작, 공동조력의 영역으로 이행기 전략을 갖는 것을 의미한다. 어떤 이유로든 젠더, 나이, 학력, 지역, 이념 등의 차이로 자기 생산의 개체로서의 존엄이 희생되거나 차별되어야 할 이유가 없다. 오히려 모두를 살림살이가 팍팍한 자기 생산의 존재로 이해하면서 공동의 살 길을 모색하기 위해서 상호작용하고 교섭하고 상호 생성되는 입장에 서야 한다. 어떤 이념이라도 미리 전제된 의지적 주체의 희생을 강요해서는 안 된다. 기성세대의 희생과 이상은 존중하지만, 그것의 특징인 불평등과 차별, 차등, 위계의 원리에 의탁해서는 생태민주주의의 가속화를 통한 이행기 전략이 만들어지지 않을 것임을 분명히 해야 한다. 그런 점에서 실질적인 의미의 상호부조가 이루어져야 하며, 이념적인 잣대로 제 식구 감싸기와 같은 상호부조는 퇴출되어야 한다. 공생과 공산의 의미는 동시에 주인공 담론의 한계를 극복하는 것이기도 하다. 한편에서 주체이고, 다른 한편으로 주체의 지도를 받아야 할 대상이 될 수 없다. 다시 말해서 주체-대상의 이분법은 공생과 공산의 관점에서 폐기되어야 하며, 소수자, 민중, 생명, 자연은 스스로가 자기 생산하여 존엄을 드러내는 존재이기 때문에, 공생과 공산의 입장에서 그 존엄을 지켜 주면서 동시에 상호작용을 통해서 색다른 시너지를 만들려고 노력하는 과정이 요구된다. 따라서 사회 없는 사회적 경제나 협동 없는 협동조합, 연대 없는 연대체의 모습을 극복하고 끊임없이 공생과 공산의 입장을 견지하면서 서로 돕고 독려하고 고무하는 공동생산, 공동제작의 과정이 있어야 한다.

생태민주주의의 가속화와 시민의회

탈성장 전환사회는 자본주의의 한계테제, 즉 민주주의에 역행하는 자본과 권력이 작동하여 자유, 평등, 박애와 같은 공동선을 실현하기 어렵다는 지점에 대해서 적극적으로 문제제기 해야 한다. 이를 통해서 생태민주주의를 가속화함으로써 자본주의 문명의 한계 지점을 돌파해야 한다. 그것은 또 다른 국가주의적인 모델을 제시하기 위해서 현재의 지점을 파괴하고 해체하는 것이 아니라, 사회와 인류 문명의 재건과 구성의 입장에 서기 위한 기후시민의회의 설립으로 나타날 것이다. 현재 자본주의 문명은 생명과 자연, 인류문명, 사회 전반을 파괴할 만한 가공할 위력으로 자본의 증식에만 혈안이 되어 있다.

이에 반해 기후시민의회는 생태민주주의의 가속화를 통해서 문명을 전환하는 과정에서의 재건과 구성의 입장에 선다. 사회를 미리 주어진 전제조건으로 보면서 공통감각(Commons Sense)

이나 상식 속에서 사회는 자동적으로 생기게 되어 있다는 근대의 헤겔과 같은 동일성의 철학자들이 현존 문명에 영향력을 여전히 행사하고 있다. 그러한 생각은 모순, 대립, 갈등이 사회의 성숙으로 향하는 지름길이라고 말하는데, 이는 사회는 저절로 만들어진다는 전제조건이 따른다. 그러나 수단, 예멘, 미얀마, 시리아 등 죽은 국가, 죽은 도시가 즐비하게 출현하는 현 시점에서는 사회구성적이고 인류 재건적인 실천이 더욱 요구되는 상황이다. 기후시민의회가 바로 그 역할을 할 것이며, 이는 기존 문명의 국가권력과 이중 권력을 형성할 것이다. 다시 말해 성장주의를 전제로한 헌법에 기초한 현존 문명의 정부와 달리, 기후시민의회는 스스로 제헌의회로서의 역할을 하면서 탈성장 전환사회의 헌법적인 기초를 설립하기 위한 사회구성적이고 인류 재건적인 상상력과 이야기 구조를 생산할 것이다. 결국 제헌적인 권력이 두 개가 생기는 이중 권력의 상황은 생태민주주의의 가속화 과정에서 구축될 새로운 양상이라고 할 수 있다. 성장주의 제헌의회와 탈성장 전환사회 제헌의회 두 의회는 서로 견제하며 어떤 민주주의가 정말로 인류 재건적이고 사회구성적인지 진실을 드러내는 방향으로 흘러갈 것이다.

IV.
탈성장 전환시대의
자급자족 사회 전망*

조상우

* 생태적지혜(2022.8.18 https://ecosophialab.com/).

멈추서, 비로소 보아야 할 것들

성장을 향한 맹신, 진단을 넘어 새로운 방향성을 찾아 나아가 보려 한다. 지금 우리가 왜 탈성장을 이야기해야 하는가? 왜 지금 당장 탈성장을 위한 사회적 작업이 필요한가?

한때 경제성장이 되지 않으면 나라가 망할 것처럼 떠든 때가 있었다. 최소한 3%, 은행 이자만큼은 성장해야 한다고 했다. 그러나 이 성장 신화는 코로나 바이러스에 의해 깨졌다. 많은 자영업자와 중소기업이 직원을 줄이고 폐업을 하는 등 어려움을 겪었지만 나라가 망해 굶어 죽는 사람이 속출하거나 세계 경제가 완전히 붕괴되는 일은 없었다. 하다못해 20년 전, 아니 10년 전으로 경제가 퇴보하지도 않았다. 배달업이나 마스크 제조업 등 일부 업종은 오히려 급성장했다. 일본의 경우 '잃어버린 30년' 동안 다국적 기업이 그 지위를 잃었고, 국민들은 허리띠를 더욱 졸라매었다. 지금 어떤가. 망하지도 않았고 아직도 국제

사회에서 위상이 눈에 띄게 쇠락하지도 않았다.

그런데도 경제성장이 안 되면 나라가 망한다는 우려가 여전히 존재하는 이유는, 우리가 이미 성장주의에 중독되어 있기 때문이다. 나는 아직도 80~90년대에 시골에서 올라온 외할아버지의 말씀이 기억난다. 외할아버지와 외할머니는 일 년에 한 번 자식들이 주로 살던 수원으로 올라와 열흘에서 보름 정도 나들이도 하고 자식들 집에서 지내다 내려가셨다. 외할아버지는 올라올 때마다 수원의 모습이 변해서 길을 찾기 힘들다고 하셨다. 수도권 도시에서 80년대 이후 과연 한 번이라도 공사가 끊긴 적이 있었던가? 2000년대에 들어서도, 2010년대에 들어서도 더 이상 아파트나 건물을 지을 데가 없겠지 생각했지만 2020년대가 들어서도 타워크레인이 완전히 철거된 모습을 한 번도 본 적이 없으니 그저 감탄(?)스러울 뿐이다.

나는 2000년을 전후로 사진 동호회 활동을 열심히 했다. 매달 한두 번은 회원들과 지방의 사진 찍기 좋은 명소를 찾아다녔다. 2~3년에 한 번은 다시 찾는 곳이 있는데 갈 때마다 길을 헤매기 일쑤였다. 새로운 도로, 특히 자동차전용도로가 지방 중소도시들 간에 생겨 알던 길을 걸핏하면 잘못 들었기 때문이다. 사진 찍을 시간을 확보하려면 가는 시간을 아껴야 하는데, 이런 도로들은 주말에 더욱 편리했다. 다들 세상 좋아졌다고 했다. 하지만 교통량을 보면 굳이 이런 도로들을 만들 필요가 있을까 의구심이 들었다. 그러나 이 정도는 생필품이 된 가전제품에 비하면 아무것도 아니라고 할 수 있다.

내가 어렸을 때 동네의 부자들만 갖고 있었던 텔레비전(흑백)이나 전화기가 어느 순간 일반화되기 시작했다. 그때는 보통 집에는 겨우 트랜지스터라디오가 보급된 정도였다. 요새 젊은이들에게는 동네사람들이 모여 함께 텔레비전을 보는 모습은 물론, 지금은 집에 아예 없거나 장식품이 되어 버린 일반 전화기를 큰돈을 주고서야 설치하고 이용했다는 말은 그야말로 전설이 되었다. 흑백 텔레비전이나 백색 전화기에서 시작된 전자제품은 선풍기, 세탁기, 컬러텔레비전, 비디오, 에어컨 등 생각하지도 못했던 제품과 가스레인지와 보일러 등의 등장과 함께 구매로 이어졌다. 우리는 성장과 풍요의 달콤함에 빠져들었고, 이를 제대로 즐겼다. 새로운 전자제품의 등장과 구입은 우리를 설레게 했다. 그런데 다들 알고 있듯이 새로운 전자제품은 이 정도에서 끝나지 않았다. 정수기, 김치냉장고, 식기세척기, 스타일러, 와인셀러, 핸드폰에 이어 스마트폰까지 굳이 필요할까 싶은 제품까지, 집의 크기를 늘리지 않으면 더 이상 설치 불가능한 지경까지 이르렀고, 우리는 점점 더 편리함과 소비강박에 중독되기 시작했다.

옛날에는 꿈도 못 꾸었던 제품이 지금은 당연히 있어야 할 필수품이 되었을 뿐 아니라 IoT, AI, AR, VR 등 새로운 4차 산업혁명의 세상이 우리의 삶을 지배하도록 미디어에서 분위기를 더욱 조장하였다. 성장의 속도는 우리가 미처 적응하기 어려울 만큼 빨라서 조금만 방심해도 맥락을 놓칠 수밖에 없게 되어 버렸다. 우리는 어느 순간 멈출 수 없게 되었다. 여기서 멈추면 뒤처지고 끝내 소외당하고 거세될 거라는 불안함에 떨게 했다. 우리는 필리핀이나 아르헨티나처럼 경제를 망치지 않으려고 애를 쓰고 있다. 그런데 이 성장 열차는 과연 멈추지 않고 계속 달릴 수 있는 것일까?

성장주의 신화, 디톡스 주사를 맞춰라

우리나라는 원자재를 수입해서 가공한 완제품을 수출해 먹고 사는 나라다. 우리나라의 성장 신화는 수출 신화다. '수출만이 살길'이었다. 상품은 물론 사람도 수출해야 했다. 독일로, 베트남으로, 중동으로, 굶지 않기 위해서, 남들보다 잘살기 위해서 우리는 낯선 땅에서 땀과 청춘을, 때로는 목숨을 바쳐야 했다. 우리는 또 돈이 되는 산업을 위해 돈이 되지 않는 농업을 자의반 타의반으로 희생했다. 그렇게 번 돈으로 우리는 부족한 에너지를 수입했고, 값싼 농산물과 공산품을 수입해 쓰면서, 풍요를 위한 부를 축적할 수 있었다.

한때 미국 마트에서 중국 상품 없이 생활할 수 있을까 조사해 봤더니, 마트 상품의 70% 정도가 값싼 중국산이라 서민들은 중국 상품 없이 생활하기 어렵다는 결론이 나온 적이 있다. 미국은 천연자원이 풍부한 나라임에도 더 풍요로워지기 위해서 더 싸게 구입할 수 있는 상품을 수입하는 나라다. 우리나라는 천연자원이 부족하기에 수출로 돈을 벌어 값싼 농산물과 공산품을 수입해 쓰면서 저임금 구조를 유지하며, 성장을 이어가는 대표적인 나라다. 더 풍요로운 삶을 위해서 우리는 돈을 더 벌려고도 하지만, 같은 상품을 더 싸게 구입하려고 많은 나라와 자유무역협정도 맺고 있다. 미국은 식량과 에너지 등 자원이 넘쳐 되려 수출하는 나라라면 우리나라는 식량과 에너지를 수입하지 않고서는 생존하기 어려운 나라다. 생존에 가장 필요한 식량과 에너지의 수입 의존도가 너무 심해 심각할 정도이지만 역대 정부들은 언제든지 수입할 수 있다고 생각하는 것 같다.

그러나 경제성장을 하지 않는다고 우리가 불행해지는 것은 아니다. 소득이 15,000달러 이상이면 행복은 소득과 상관없다고 한다. 하지만 이미 성장에 중독된 사람들에게 이런 말은 공허한 메아리일 뿐이다. 전 지구적인 기후위기와 전 세계적인 팬데믹,

러시아의 우크라이나 침공 같은 요인으로 우리는 언제든지 뜻밖에도 급격히 탈성장 시대를 맞이할 수 있다. 바람직한 방향은 우리가 스스로 탈성장 시대를 준비해 자급자족의 사회로 연착륙하는 것이지만, 상황이 녹록하지만은 않다.

인류 문명이 농업 시대를 거치면서 세계 인구는 급격히 늘어났다. 과거 한 지역의 인구 증가는 그 지역의 농업 생산력이 감당할 수 있는 한에서 가능했다. 농업 생산력은 다양한 농업 기술의 발전에 의해서 증가했다. 근대 산업혁명 이후에는 특히 농약, 비료와 농기계에 의존해 증가했고 세계 인구도 그에 따라 급격히 증가했다. 그뿐만 아니라 사실상 사치품이라고 수 있는 각종 전자제품의 보급으로 전기 등 에너지가 생존에 꼭 필요한 양에 훨씬 넘치게 증가하고 있다. 그런데다 지금은 농산물을 스스로 생산할 수 없어도 인구가 증가하는 만큼 수입할 수 있으면 늘어나는 인구를 감당할 수 있게 되었다. 그렇다면 탈성장 전환시대에는 지금까지와 같은 인구 증가와 풍요가 유지될 수 있을까?

탈성장 전환, 바로 지금 시작해야 한다

우리나라의 식량과 에너지 자급력은 국민 모두에게 안락하고 풍요로운 삶을 보장하기는커녕 생존을 보장하기에도 턱없이 부족하다. 그럼에도 불구하고 탈성장 전환시대에는 우리가 주력했던 수출 주도의 경제 체계를 바꿔야 한다. 세계가 여러 이유로 급격히 탈성장 시대로 전환하게 되면 위기를 극복하기에 희생이 너무 크다. 우리는 희생을 최소화하기 위해서라도 지금 당장 자발적으로 탈성장 전환시대 준비에 착수해야 한다.

생존을 위한 가장 기본(근본)적인 요소인 식량과 에너지만을 자급자족하기에도 현재 우리나라의 인구는 너무 많다. 지금 우리 사회는 인구절벽에 직면하여, 인구를 유지하고 나아가 늘리기 위해 각종 정책을 펼치고 있지만, 이는 대단히 근시안적인 방향이다. 만약 이 정책이 목표하는 대로 다시 인구가 늘어나면 20~30년 후에는 연령별 인구가 모래시계 모양으로 분포하게 된다. 이렇게 되면 생산 가능 인구가 깔때기 모양의 지금 분포보다 늘어난 인구만큼을 부양해야 한다. 그만큼 자급자족과도 더 멀어지기 때문에, 우리 인구정책은 국토가 자급자족할 수 있고 현재의 인구 구조로 부담할 수 있는 만큼 인구를 줄여 나가야 한다. 내수만으로도 경제성장을 유지하기 위해서 인구가 1억 명 이상이 되어야 한다고 주장하는 사람도 있지만 나는 자급자족을 위해서 우리나라의 국토 상황으로는 많아도 현재 인구의 1/2은 넘지 않아야 한다고 본다.

탈성장 전환시대에 산업 구조는 자급할 수 있는 에너지로 가능한 한 농업 생산성을 높이는 산업을 주축으로 전환해야 한다. 에너지도 천연자원과 자연을 활용한 재생에너지 비중을 점점 늘려 감으로써 자급 역량을 구축해야 한다. 우리가 미리 준비하는 만큼 희생은 최소화될 것이고, 준비가 늦을수록 희생은 커질 것이다. 코로나19 팬데믹에서 입증되었듯이 몇만, 몇십만 명의 문제가 아니라 천만 단위 희생이 발생할 수도 있는 상황을 염두에 두어야 하는 시대가 바로 지금이다.

V.

"다시 땅으로"*

—탈성장으로 가는 사회와 개인의 과제

공규동

* 생태적지혜(2022,7,18 https://ecosophialab.com/).

탄소 감축의 시대에 체제의 변화는 필연적으로 일어날 것이다. 물질 생산을 인위적으로 줄여야 하는 시대를 생각할 때, 탈성장 전환시대를 상상하지 않을 수 없다. 사회적 과제와 더불어 우리 개인의 과제에 대해서도 계획을 세워야 한다. 은유로서의 소농, 직접 행동으로서의 "다시 땅으로" 운동을 생각하며, 탈성장 전환시대에 맞는 모습으로 우리도 스스로를 단련해야 하는 것이다.

기후위기 대응의 핵심이자 핵심 목표를 단순하게 말하자면 탄소의 급격한 감축이다. 문제는 그 일이 매우 어렵다는 점이다. 탄소 배출은 특수한 '역사적' 상황인데 산업, 사회, 정치, 문화 등 현재의 문명 체제의 본질 자체와 복잡하게 뒤얽혀 있기 때문이다.

탄소 감축은 사회의 나머지 모든 부문의 변화를 전제로 하거나 강제한다. 탄소 감축을 하게 되면 그 과학적 결과는 나오미 클라인의 책 『이것이 모든 것을 바꾼다』(2016)의 제목처럼 말 그대로 모든 것을 바꾸게 될 것이다. 어떤 기술사가(技術史家)가 18세기 이후 벌어진 자유무역의 등장과 식민지 출현, 사회혁명 등 당대의 주요한 변화의 진원이 석탄 에너지 사용이라고 주장한다면 그것은 틀린 게 아닐 수 있다. 나아가 20세기 이후 벌어진 1·2차 대전과 소비문화, 민주주의의 확대 등을 석유의 보편적 사용을 중심에 놓고 설명할 수 있다. 석탄과 석유를 문명 변화의 주요한 변수로 이해하는 바로 그 기술사가가 탄소 감축에 대해 생각한다면 산업은 물론 사회 체제 변화를 생각하지 않을 수 없을 것이다. 지난 수세기 동안 탄소 배출을 통해 바뀐 것들을 열거해 보고, 그것이 하나씩 둘씩 대체되거나 사라진다고 생각한다면 남아날 것이 거의 없을 것이다. 논쟁의 여지는 있겠지만 필자는 전기차로도 수소나 암모니아 기술, 탄소 포집 기술이 도입된다고 해도 현재와 같은 대량생산-소비 체제는 유지할 수 없으며, 따라서 극단적인 감축의 시대, 빈곤한 시대로의 거대한 방향성을 가지게 될 것이라고 확신한다.

남은 것은 감축 시대로의 진입 속도이다. 대량멸종의 시대는 생태계 변화 속도와 생태계에 종속된 생명체들의 진화 속도 간의 '갈등'의 결과가 아닌가? 기후 변화와 진화의 전면전에서 누가 이길 것인가? 진화 속도가 더 빠르다면 생명체는 다른 모습과 새로운 기능을 통해 종적 차원에서는 생존할 수도 있을 것이다. 하지만 진화보다 생태계 변화 속도가 더 빠를 땐 멸종을 피할 수 없다. 우리 사회 체제가 그와 같다. 탄소 감축의 속도와 체제 변화의 속도 사이의 속도전이 인류 공동체 유지의 핵심적 변수가 될 전망이다.

사회는 빈부격차 해소를 통해 탈성장으로

사회 전체의 전방위의 물질적 감축에 걸맞은 이데올로기의 변화, 에피스테메(지식 체계)의 변화를 이끌어내지 못한다면 탄소 감축의 후과는 사회 전체가 고르게 부담하지 않고 사회 약자들에게 집중되고 말 것이다. 사회 약자들로부터 한 줌의 탄소마저 박탈한다는 것은 문명의 다기한 기술로부터 철저하게 소외시킨다는 것을 의미한다. 자동차 문화는 공유 자동차 형태로 유지되어야 하며, 육류 문화는 대체육 등을 통해 키치(모조품)화되어야 하며, 최소한의 에너지는 사회적으로 반드시 필요한 농업과 공공영역에 선제적으로 할당되어야 한다. 탄소 소비의 우선순위는 정의로운 테이블을 통해 사회 전체가 함께 합의해서 정해야 옳다. 공동체가 함께 물질 경제 체제를 후퇴시키고 그 후퇴 속에서도 여전히 현대 문화의 편리함을 공유하는 사회. 그것은 결국 탈성장 사회이다. 탈성장 사회는 탈탄소 사회로 이행하는 필수조건이다. 탈성장 경로와 탄소감축 경로로의 동시 이행을 상상하지 않고서는 탈탄소 사회를 꿈꿀 수 없을 것이다.

성장에 중독된 사회에 관하여 칼 폴라니는 빈부의 격차가 곧 성장 중독 사회를 낳는다고 말한다. 홍기빈 글로벌정치경제연구소 소장에 따르면, 칼 폴라니의 저서 『거대한 전환』(2009)에서 가장 중요하게 다루는 문제가 '이중운동'에 대한 설명이라고 한다. 자본의 무한 팽창을 허용하면서 민주주의 사회를 구축하는 방법으로 영구 성장 체제가 등장했다. 사회적 불평등이 방치되는 과정에서 유권자는 더 발전된 복지 혜택을 요구한다. 정치권력은 포퓰리즘 정책을 통해 권력을 유지해야 한다. 자본과 노동, 두 진영의 요구에 사회 경제 체제가 대응하는 방법은 쉬지 않는 성장과 해외 자원 개발이다. 시장의 유지와 사회 유지를 동시에 달성하기 위해 대외적으로 '식민지'도 경영하고 해외시장을 확대하기 위해 노력한다. 국민국가, 팽창주의적 제국주의의 얼굴은 무한 성장의 또 다른 얼굴이다. 생태적 약탈과 글로벌 사우스(전 지구적 식민 피지배 국가)에 대한 이중 약탈이 없이는 영원한 성장은 설명될 수 없다. 따라서 탈성장 사회는 성장이라는 '상식'이 자리 잡게 된 본질적 원인인 이중운동에 대한 해소가 선행되어야 한다. 이중운동 중에서 수정이 필요한 부분은 당연히 노동과 복지 영역이 아닌 자본의 무한 축적 메커니즘이다.

성장 지상주의로부터 한 사회 체제가 벗어나기 위해서는 빈부의 격차가 세상을 망치고 있다는 것에 대한 확고한 문제설정이 필요하다.

개인은 성과 주체를 넘어야 탈성장으로

미야지마 히로시는 지구의 빈곤 지역은 극한의 가난 때문에 고통받고 있고, 선진국은 끝없는 경쟁 속에서 피로해 한다고 진단했다. 그런데 이어지는 이야기가 재미있다. 역사학자인 저자는 빈곤과 피로에 대해 역사학도로서 고민한 결과로 서구 중심 사관을 넘는 동아시아 역사관의 새로운 해석을 해답으로 제시한다. 글로벌 사우스의 빈곤 문제와 선전국의 피로 문제를 시대적 과제로 정리하고 그에 부응하며 제시하는 내용은 의외로 소농사회 이야기이다. 글은 소농사회가 왜 빈곤문제와 피로문제에 대한 대책인지 깔끔하게 말하지 않는다. 독자로서 짐작을 통해 그 맥락을 논할 수 있을 뿐이다.

소농사회는 중국 송대에 시작한 과거제, 수도작(水稻作, 논농사)과 함께 시작된다. 중국은 명나라 말기, 조선과 일본은 그보다 조금 후대에 완성된 것으로 본다. 소농사회는 토지의 소유와 상관없이 그 가족의 노동력에 의지한 독립적인 농업 경영이 사회적 생산의 기본 모듈이 되는 사회이다. 유럽의 농노제나 인도의 농업노동자 방식과는 완전히 다른 시스템이었다. 세계사적으로 아주 예외적인 경영 방식으로, 한중일 삼국에는 독립적인 경영 주체 방식(소농)이 아닌 농업 종사자는 거의 존재하지 않았다. 노비들도 대부분 개인의 재산이 허락되었고 토지 임차인으로서 개인의 노동에 따라 더 많은 이익을 개인화할 수 있는 시스템이 제도적으로 보장되었다.

미야지마 히로시는 동아시아 수도작 농업 방식에 따른 사회 시스템인 소농사회를 하나의 은유로서 제시하고 있다고 본다. 지배층의 세습은 비교 대상 문명권에 비해 느슨했고, 노동 종사자는 가족과 지역 공동체 단위로 노동하며 개인이 노력에 대한 결과를 개인이 향유할 수 있는 조건에서 생활했다. 독립 경영인에 알맞은 주체화된 인간들로 구성된 사회, 노동은 자연을 향하고 생산물이 곧 성과인 한계 속에서 살아야 했던 소농의 모습을 현대의 피로 사회에 대한 대안적 전략으로 말하고 있는 듯하다.

나아가 현대인의 피로에 대한 이야기는 재독 철학자 한병철의 주요 관심사이다. 그는 『피로 사회』(2012)를 통해 후기 근대사회의 특징으로 개인의 자기 착취와 그에 대한 우울증과 피로를 말한다. 개인은 긍정성이 과잉된 사회 속에서 'Yes, I Can'과 '좋아요'에 방치된 가운데 모든 가능성이 열린, 가능성의 감옥에 갇혀 있다고 말한다. 프로이드의 심리학이 만들어지던 시대에는 히스테리가 대표적 정신질환이라면 그것은 금기의 아버지가 타자로서 존재했기 때문이다. 반면 오늘날의 과잉 긍정 사회는 그 누구도 나에게 금지를 제시하지 않는다. 너는 모든 것을 할 수 있으며, 너는 모든 것이 될 수 있다. 되지 않을 것이라고 말하는 자는 부정적인 존재로서 축출 대상이 된다. 결국 개인은 자신과 싸울 수 있을 뿐이다. 여기서 성과를 만들어내지 못한 개인이 책임을 묻고 탓할 수 있는 대상은 자기 자신뿐이며, 따라서 현대의 중요한 정신질환은 우울증이 된다. 신자유주의 사회는 바로 성과 사회이며, 그곳은 '너는 할 수 있다'는 말로 가득 차 있다. 타자가 없기 때문에 개인 스스로 더 많은 성과를 만들어야 한다는 압박감 속에서 살아간다. 독일에서는 연봉이 상당한 축구 골키퍼, 로베르트 엥케가 스스로 목숨을 끊었다. 성공한 사람이었지만 자기 착취 속에서 끝없는 성취 압박의 공포를 해결하지 못하고 극단적 선택을 했다. 슬라보예 지젝도 책을 못 쓰면 불안해하고 압박감에 시달린다고 하지 않았는가? 성과 사회의 모든 개인은 자신이 소진될 때까지 스스로를 착취하는 존재가 되고 말았다.

바타이유는 『저주의 몫』(2022)에서 데팡스를 설명하면서 런던시 청사를 장식하는 금은 휴식하는 화폐로 더 증식되지 않는 것이 문제라고 했다. 오늘날 모든 존재는 쉴 수 없다. 궁전을 장식하는 금과 보석은 투자되지 않은 화폐로, 죄를 짓고 있는 것이다. 그 금장식들은 베르사이유 궁전의 벽에 있어서는 안 되며 선물시장에 투자되어 더 많은 투자 이익을 낳고 있어야 더 아름다운 법이다. 성장 중독의 시대를 살아가는 개인에게 강요된 주체는 바로 성과 주체이다. 그들은 어떤 성과에도 만족할 수 없다. 더 많은 증식의 운동 자체가 미학적 대상이 되고 말았기 때문이다. 성과 주체는 자기 착취를 거듭하여 결국 소진되고 우울증에 빠져서야 멈춘다.

소농사회, 땅을 예찬하는 사람들

탈성장 사회로의 이행은 불가피하다. 이행기에서 혁명이 혹은 전쟁이나 어떤 붕괴가 있을지 예측할 수 없지만, 탈성장 사회 이외의 체제란 생태적 한계로 말미암아 존속하지 못할 것이다. 사회적으로는 빈부 격차를 해소하려는 노력과 개인적인 성과 주체의 극복을 위한 수행 과정이 없이는 탈성장 사회로의 평화로운 이행이 불가능할 것이다.

한병철은 오늘날 사회를 자기 착취가 무한반복되는 피로 사회로 규정하고 이곳에는 타인이 존재하지 않으며 타자가 없는 세상에서는 사랑도 있을 수 없다고 했다. 그는 두 남녀가 사랑한다고 생각하는 그 광경도 결국 두 사람이 서로의 나르시시즘에 빠져 허우적거리는 순간이라고 말한다. 타자가 없는 세상, 그래서 결국 누구에게도 잔소리 듣지 않지만 누구에게도 칭찬을 들을 수 없는 사회. 아무도 '잘했다. 이제 좀 쉬어라'라고 말해주지 않아서 자기 자신을 칭찬할 존재는 자기 자신밖에 없는 사회. 따라서 각 주체는 끊임없이 성과를 내야 하며 성과를 타인에게 과시할 때에만 안심할 수 있는 사회가 되었다. 성과 주체를 극복하는 길을 한병철은 별도로 말하지 않는다. 그의 여러 저작들 중 『땅의 예찬』(2018)을 통해 엿봐야 한다.

스스로 정원을 가꾸며 느낀 아포리즘에서 '정원의 시간은 타자의 시간'이라고 말한다. 왜냐하면 정원의 생명들은 본인이 멋대로 할 수 없기 때문이다. 모든 시간은 저만의 시간과 성장의 질서를 갖는다. 마우스로 꽃 아래에 존재하는 스크롤을 잡아 앞으로 당길 수 없다. 남들보다 빨리 1억을 모을 수도 있고 남들보다 빨리 더 큰 성과를 더 빨리 만들 수는 있어도, 꽃 한 송이를 빨리 피울 수는 없는 법이다. 따라서 정원의 존재들은 제각각 뚜렷한 시간의 질서를 유지한다. 한병철은 정원을 '타자의 구원'이라고 말하며 '정원은 구원의 장소'라고 격상시킨다. '지구는 피를 흘리고' 있으며 생명이 없는 '작지만 꽃이 피어나는 행성에 산다는 것'을 늘 의식해야 한다고 주장한다. '땅으로 돌아가기란 행복으로 돌아가기'가 된다고 말하는 것이다.

  탈성장의 행동주의 노선 중에서 '다시 땅으로' 운동이 탈성장 행동의 핵심이다. 자급자족하는 삶, 임금으로부터 자유로운 삶, 생태적 삶, 지속가능한 삶…. 탈성장의 이념에 철저하게 부합하는 삶의 모습이란 '소농의 삶'으로 검증되어 있기 때문이다. 또한 정원, 농지를 가꾸는 개인의 주체야말로 성과 주체를 극복하고 타자와 시간을 매순간 느끼는 경험을 누적할 수 있기 때문이다. 68혁명기 히피들의 탈주선으로 선택되기도 했던 '다시 땅으로' 운동은 반소비주의, 반화폐주의, 공동체 건설 등 실천 가능한 모습으로 탈성장 사회의 조각을 지금-여기에 실현할 수 있듯, 이 글을 읽는 많은 분들이 텃밭을 일구길 바란다. 텃밭에서 땀을 흘리며 피로한 주체를 단련하고 자연이 주는 성과의 기쁨을 누리시길 바란다.

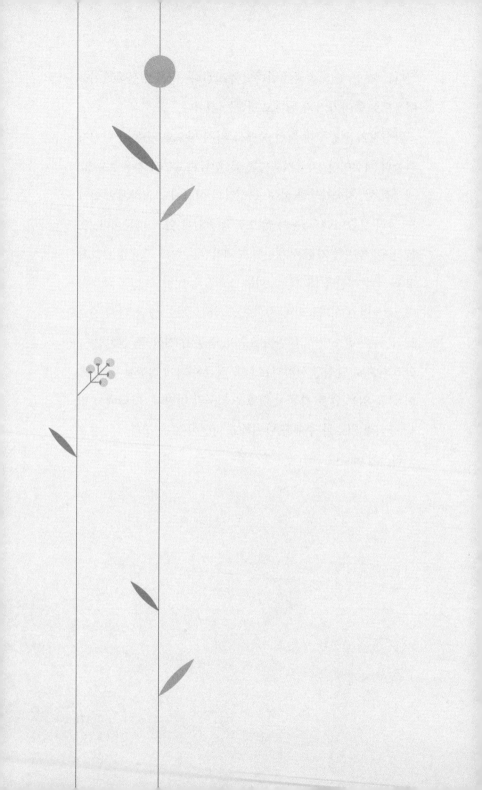

3부

탈성장과 미래세대

I.
기술의 가속화와
탈성장 해법*

전병옥

* 생태적지혜(2021.11.10 https://ecosophialab.com/).

성장 논리에 중독된 현재의 경제 시스템은 기후위기라는 커다란 장벽을 만났다. 이 장벽을 넘기 위한 대응 방법이 절실한데, 좀처럼 실용적인 담론이 형성되지 못하고 있다. 대안 경제관으로 탈성장과 녹색성장이 주도권 다툼을 벌이고 있으니, 이를 극복할 제3의 사다리를 마련할 수는 없을까? 이 글에서는 '커먼즈 경제'라는, 오래된 담론이긴 하지만 구체적인 실행 방법과 결합하면 매우 설득력 있는 경제관을 제안한다.

현재 우리는 우리의 번영과는 별 관계없이 성장해야만 한다는 경제 논리를 가지고 있다. 그러나 우리가 필요한 것은 우리의 삶을 윤택하게 해주는 시스템이다. 무조건 성장해야 한다는 도그마가 아니다.

- 케이트 레이워스, 『도넛 경제학: 21세기 경제학자처럼 사고하는 7가지 방법』

성장 논리에 중독된 경제

집안에서 화분을 기르는 것은 여러모로 따뜻한 정서적 경험을 가지게 해 준다. 화분을 기르는 사람들을 놀라게 하는 것은 주로 이런 상황들이다. 별다른 노력 없이 적당히 물만 줬는데도 화분 속의 식물들이 씩씩하게 잘 자라기 때문이다. 그렇지만, 너무 잘 자라도 걱정이다. 베란다 높이보다 더 성장할 수는 없기 때문이다. 간단한 비유이지만, 주위 환경과 상호작용하면서 성장하는 모든 존재가 이렇다. 별 탈 없이 잘 자라면 좋지만, 영원히 성장할 수는 없는 법이다. 그렇다면, '성장'이라는 단어와 가장 많이 짝을 이루는 '경제'는 어떨까? 경제도 주어진 환경을 자양분으로 삼아야 하기 때문에, 영원히 성장할 수는 없을 것이 아닌가?

정치인들과 언론은 경제성장에 과도하게 집착하는 편이다. 매년 혹은 매분기 발표되는 GDP 성장률은 마치 모든 사회 구성원들의 행복과 안전, 그리고 새로운 기회를 표시하는 신호등처럼 비춰지기도 한다. 그러나 지난해 우리 경제가 3% 성장했다면, 우리의 행복과 삶의 만족도 그만큼 증가했다고 볼 수 있을까?

생태계의 모든 영역을 둘러봐도 끊임없이 성장하는 곳은 없다. 경제성장과 나의 소득 간의 관계도 불명확하지만, 경제성장의 결과로 나의 가처분소득이 증가해도 계속 행복해질 수는 없다. 이것은 최상위의 부자 계층이라도 다르지 않을 것이다. 무엇보다 끊임없이 성장하는 경제는 지구 생태계의 안정성을 심각하게 훼손한다. 베란다의 화분처럼 경제성장도 적절한 한계가 있다는 점, 이것이 기본 규칙이다.

그렇다면, 이런 '영원한 성장'을 꿈꾸는 성장 중독은 어디에서 온 것일까? GDP라는 개념을 처음 제안한 사람은 미국의 경제학자 사이먼 쿠즈넷(Simon Kuznets)이다. 목적은 경제 상황을 짚어 볼 수 있는 객관적인 지표를 제안하는 것이었다. 그러나 1934년에 이 방법을 처음 제안하면서 쿠즈넷은 이 개념이 사회의 모든 가치를 대표할 수 없을 뿐만 아니라, 환경에 미치는 영향을 제대로 담을 수 없는 것이라고 친절하게 부연 설명을 덧붙이기도 했다. GDP의 발명가도 이 개념의 한계를 분명히 인지하고 있었던 셈이다. 그러나 쿠즈넷의 설명에도 불구하고, 1940년대 들어 GDP는 한 국가의 성공을 측정하는 중요한 도구로 자리 잡았다. 한 국가가 빈곤을 벗어나 사회의 기본적인 욕구를 충족시키기 시작하는 단계라면, 이 지표는 매우 강력한 의미를 제공하는 것은 분명하다.

지난 200년간 세계 경제는 기하급수적으로 성장했다. 중간에 심각한 시련은 있었지만, 심각한 후퇴는 없었다. 눈부신 성장은 그러나 저렴한 노동력에 크게 의존했다. 지금도 가난한 계층 사람들과 저개발국 어린이들은 낮은 임금을 받으면서 임금보다 훨씬 큰 경제적 가치를 제공하고 있다. 또한, 경제성장은 지구의 도움을 많이 받았다. 무분별한 자원 개발과 산림 파괴, 공기 오염과 온실가스 등이 경제성장을 위해 지구가 희생한 결과이다. 지구의 희생만 놓고 보면, 인류가 자랑하는 경제성장이 그렇게 대단해 보이지 않게 된다. 경제성장을 위한 자본은 창조적인 노력의 결과물이 아니라 사회적 노동과 천연자원이 경제 자본으로 모습만 바꾼 것이기 때문이다. 과학기술이 기여하지 않았냐고 할 수 있지만, 현재까지의 과학기술은 경제성장의 작동 방식, 즉 자원 착취와 환경오염을 원활하게 만드는 역할을 했을 뿐이라고 할 수 있다. 이것 빼고 저것 빼면, 우리가 과연 성장한 것인지 의문이 들 수밖에 없다. 특히 기후위기가 본격화된 현 시기에 과거의 성장 방식은 끝을 내야 한다. 더 이상 유효하지 않기 때문이다. 신자유주의 경제학의 금과옥조처럼, '더 이상 공짜 점심은 없다.'

녹색성장도 탈성장도 아닌 새로운 해법

기후위기에 대한 경고는 스웨덴의 화학자인 스반테 아레니우스의 1896년 논문에도 실려 있었다. 자원 약탈적 경제성장에 대한 경고도 비교적 오래전에 유래했다. 서구의 탈성장 논쟁은 1970년대 환경에서 출발했다. 탈성장은 자본주의 체제에 불만을 가진 시민들의 담론으로 자리 잡고 점점 보편적인 개념으로 진화했지만, 튼튼한 뼈대를 가진 이론으로 발전하지는 못했다. 탈성장이 상황에 따라 다양하게 논의되는 이유이다.

그래도, 일정한 공통 인식은 있다. 정리해 보면 다음과 같다.

· 성장의 기술적 측면 : GDP의 지속적 확장은 숫자로만 표현 가능한 시스템 일부의 자료일 뿐이다. 자원 약탈적 경제 구조는 시스템의 앞/뒤 부분에 필연적으로 큰 폐해를 남기게 된다. 마음씨 좋은 이웃이 있다 하더라도 우리 집 생활을 위해 앞집에서 쌀을 훔쳐오고 남은 쓰레기는 뒷집에 버리는 방식이 영원할 수는 없다. 이런 상황을 가능하게 하려면 상식을 무력화시킬 수 있는 강력한 무력이 필요할 것이다. 현재의 경제 구조가 매우 공격적인 특성을 갖는 것도 이런 이유 때문이라고 말할 수 있다.

· 생태적 관점 : 물질적인 흐름을 넘어 시스템에 자리 잡은 '성

장 논리'에 대한 사회문화적, 미학적 비판이 있다. 그리고 이런 문제제기는 해결 방법으로 전면적인 사회개조를 요구한다.

· 철학적 관점 : 탈성장을 경제적 관점으로만 국한하지 않고, 자연과 인간의 공감, 그리고 경쟁에 대한 압박으로부터 벗어나 진정한 행복을 추구하는 가치관으로 발전시키기도 한다.

기후위기와 같은 자연의 경고가 누적되면서, 경제성장에 대한 도그마도 점점 퇴색되고 있다. 한편으로는 탈성장 담론에 그만큼 힘이 실리고 있기도 한 것이다. 전반적으로 보면 두 가지 커다란 논쟁으로 정리되는 것 같다.

최근 10여 년 간 일군의 경제학자들은 지구의 미래를 중심으로 격렬한 논쟁을 벌였다. 논쟁의 한편은 녹색성장 옹호론자(Green Growthers)들이 자리 잡고 있다. 이들은 지구 환경의 경계를 무너뜨리지 않으면서도 기존의 경제성장 방식이 가능하다고 주장한다. 그러기 위해서는 탄소 배출에 대한 규제와 에너지 전환을 중심으로 한 기술 혁신이 조화를 이루어야 한다고 주장하고, 이를 실현할 기술적 대안을 제시한다. 유선 통신이 무선으로 전환된 것처럼 적당한 기술만 개발된다면, 탄소 중심의 경제구조도 바뀔 수 있다고 믿는 것이다.

그러나 경험적으로 이들의 주장은 실현 가능해 보이지 않는다. 녹색기술이라는 작은 사다리로는 기후위기라는 높은 장벽을 넘기 어렵기 때문이다. 스웨덴이나 영국, 프랑스 등의 유럽 국가들은 탄소 배출량을 선도적으로 감축하고 있지만, 여전히 지구 환경을 위한 경계선을 준수하고 있지 못하다. 이 국가들이 녹색성장에 대한 새로운 표준을 잘 수립한다 해도 이들이 소비하는 제품은 중국과 인도와 같은 탄소 과다 배출국에서 생산된다. 녹색기술 혁신에 의한 경제 구조의 전환과 새로운 성장 방식은 시간이 오래 걸리는 과제이다.

녹색성장을 주장하는 사람들의 반대편에는 탈성장주의자(degrowthers)가 있다. 앞에서도 보았지만, 이들은 현재처럼 수치만 성장하는 경제 구조는 재편되어야 한다고 주장한다. 그러나 이 주장은 사회 심리적인 저항을 불러일으키기도 한다.

코로나19 바이러스의 팬데믹 상황을 되새겨 보자. 전염병이 확산되면서 많은 국가가 사람들의 이동을 강제로 차단했고, 이로 인해 탄소 배출량은 극적으로 감소했다. 한국처럼 대기 오염에 시달리는 국가들은 이 기간 동안 맑고 청명한 하늘을 볼 수 있었다. 그러나 사회적으로 그 대가는 참혹했다. 수백만의 사람들이 일자리를 잃었고, 사회적인 불만은 급증했다. 새로운 혁신은 찾아보기 어려웠고, 경제는 급속하게 침체되었다. 기후위기를 극복하기 위해 과학자들이 제시한 기준은 매년 7~8%만큼 탄소 배출량을 감축하는 것이다. 그러나, 이 정도의 감축은 극심한 경제 침체를 의미하고, 탈성장이 매우 어려운 과제라는 점을 확인시켜 준다. 게다가 부유한 국가들이 탈성장을 표방하며 소비를 줄인다면, 이는 저개발국 사람들의 생존을 위협하는 상황을 초래할 수도 있다. 이런 상황을 고려하면, 말이 좋아 탈성장이지, 수억 명의 생존권을 위협하는 정책을 과감하게 펼치기는 결코 쉬운 결정이 아닌 것이다. 그렇다면, 녹색성장도 탈성장도 아닌 제3의 길은 없을까? 이를 위한 실용적인 방법은 무엇이 있을까? 커먼즈 경제는 녹색성장과 탈성장 옹호론자들의 논쟁을 생산적으로 전환시킬 수 있다는 점에서 최근에 재조명되고 있다. 여기서 주장하는 것은 경제성장을 중심에 두고 다투는 것이 아니라, 경제성장을 논의에서 배제하는 것이다.

커먼즈는 일반적으로 '공동으로 누리는 것'을 의미하며, 자연이나 지식을 포함한 공동의 '유·무형 재화'에 대한 공동체의 집단 권리이다. 경제적으로는 지구 생태계를 유지하면서 살아갈 수 있는 경제 조건이 무엇인지 확인하는 것이 목적이지만, 이 조건에 어떻게 도달하고 계속 머물 수 있는지 분석하고 평가하는 것도 매우 중요한 사항이다. 어려운 과제이지만, 목적은 관념적인 사고 체계를 개발하는 것이 아니라 실용적인 방법을 찾는 것이다.

커먼즈의 기원은 1225년 수정된 영국 대헌장 '마그나 카르타' (Magna Carta)에서 출발한다. 당시 함께 공표된 '산림헌장'에서 목초지와 숲에 대한 평민들의 사용 권리를 명시한 것이다. 그러나 커먼즈에 대한 대중의 관심이 높아진 것은 비교적 최근의 일이다. 1968년 생물학자 개릿 하딘은 "어민이든 농민이든 자신의 개인적인 자원을 사용하기 전에 먼저 커먼즈를 소비하기 때문에 커먼즈는 지속될 수 없다."는 내용의 유명한 「공유지의 비극」을 발표했다. 개인이든 집단이든 어느 누구도 커먼즈의 파괴를 원하진 않지만, 결국 소유권이 불분명하고 한정된 공유 자원부터 파괴된다는 것이다. 그러나 최근의 기후위기·생태 위기는 커먼즈를 다르게 해석하게 한다. 사회적 경제를 포함한 비영리 영역의 경제 담론이 활발해지면서 커먼즈를 성장의 최초 희생물이 아니라 최후 방어선으로 재정립하려는 것이다. 커먼즈 경제를 정리하면 다음과 같다.

첫째, 생태계를 파괴하면서 무한히 성장하는 것은 불가능하다. 이것은 하나의 의견이 아니라, 과학적인 사실이다. 둘째, 지구 생태계를 파괴하지 않더라도 경제성장은 가능하다. 경제성장은 삶의 질을 향상시키고 인구 증가를 억제하는 기능을 가지고 있다. 어떤 지역에서는 경제성장이 빈곤의 종식을 의미한다. 그렇지 않은 지역도 있지만, 세계 모든 지역에서 근시안적인 사고방식에서 벗어나 더 나은 삶의 지표를 개발하고 받아들여야 한다. 일본은 오랜 기간 저성장 혹은 역성장에 시달려온 국가이다. 그렇기 때문에 일본은 성장률에 얽매이는 방식보다 다른 지표를 찾고 있다. 뉴질랜드, 아이슬란드 그리고 스코틀랜드와 같은 국가는 사람과 지구가 동시에 행복해질 수 있는 경제 구조를 본격적으로 탐색하고 있다.

정리해 보면, 우리는 경제성장에 얽매일 필요도 없고, 이를 무시할 필요도 없다. 우리의 목적은 사회 전체가 자신의 목적을 추구하고, 행복하게 살 수 있게 하는 경제 구조를 만드는 것이다. 그리고 이를 뒷받침할 시장을 관리하는 것이다.

경제성장의 폐해를 알면서도 무시할 수 없는 이유는 몇 가지가 더 있다. 무엇보다 부채 문제가 크다. 부채는 미래의 가치를 현재로 끌어온 것인데, 성장에 대한 믿음이 없다면 부채에 대한 신뢰성은 하락할 것이고 이에 기반한 시스템은 붕괴할 수밖에 없다. 미래의 가치를 끌어다 썼는데, 경제가 쪼그라들면 미래세대는 엄청나게 큰 부담만 가지게 될 것이기 때문이다. 현재 우리가 당면한 상황이 이렇게 변하고 있다. 그동안 경제를 지탱해 왔던 세대 간 계약이 최근에 심각한 위기를 맞이하고 있는 것이다. 지구 환경의 파괴로 인해 미래세대의 삶과 경제가 매우 불확실해지고 있는 상황에서, 미래세대는 스스로의 행복 추구권을 지켜내야 할 입장이다. 미래세대에게 일방적으로 불리한 상황이 전개되면서, 대안에 대한 탐색 욕구는 점점 커질 수밖에 없다. 커먼즈 경제는 그 대안이 될 수 있을까?

커먼즈 경제

1930년대 시카고 경제학파들이 주장한 신자유주의는 1980년에 이르러 세계적인 경제 철학이 되었다. 이제는 이 논리를 극복해야 한다. 승자가 모든 것을 가져가는 극단적 경쟁주의는 지난 40년간 소수의 계층에게만 경제적 혜택을 듬뿍 안겨줬을 뿐, 대다수 계층의 행복과 안전, 그리고 무엇보다 지구 환경을 개선하지 못했다. 특히 지구 환경은 상황이 심각한데, 현재 우려하고 있는 기후변화가 극명한 사례이다. 이제는 새로운 경제적 균형점을 찾아야 한다. 수입과 지출, 임금과 이익 등을 포함한 모든 경제적 변수들을 재조합하고, 사회적 안정성과 지구 환경의 경계를 지키는 방향으로 발전시켜야 한다. 다시 학교로 돌아가 새로운 이론을 학습할 시간이다.

그렇다면, 위태로운 지구 환경을 회복시키는 경제 정책의 구체적인 실행 계획은 무엇일까? 조금 더 시야를 좁히면, 지속가능발전 목표에 부합하는 사회적 활동을 지원하고 강화하는 경제계획을 수립해야 한다. 두 가지 해결책이 있다. 시장을 조정하는 것과 장기적인 경제 운용에 초점을 맞추는 것이다.

첫째, 우리는 지구 생태계를 위협하는 산업이 더 이상 돈을 벌지 못하게 해야 한다. 이러한 산업은 경제적 가치를 창출하지만, 커먼즈에 심각한 위협이 되기 때문이다. 방법은 여러 가지가 제시되고 있다. 세금을 통해 수익을 환수할 수도 있고, 폐기물에 대한 규제를 강화하여 비용을 높일 수도 있다. 한마디로, 지구 생태계를 훼손하는 어떠한 경제적 행위도 돈을 벌지 못하게 해야 한다. 또한 지구 환경의 경계를 철저히 지키는 산업만이 살아남도록 해야 한다. 시장의 기능을 조정하는 것만으로 이런 일들을 효과적으로 실행할 수 있다. 현재 탄소 배출에 세금을 부과하는 정부는 거의 없다. 그러나 모든 국가에서 노동과 소득에 대한 세금은 철저하게 부과한다. 노동에 대한 소득과 그에 따른 소득세는 자본가와 노동자 모두에게 비용을 증가시키고, 기계에 의한 자동화를 촉진시켜 점차 일자리를 소멸시킨다. 잘못된 방향인 것이다.

우리는 우리가 원하지 않은 결과물을 낳는 일에 세금을 부과하고, 사회적으로 꼭 필요한 일에는 세금을 최소화해야 한다. 따라서, 탄소 배출과 같은 지극히 반사회적인 결과물에는 높은 세금을, 노동과 같은 필수요소에는 낮은 세금을 매기는 정책으로 전환해야 한다. 이렇게 되면, 소비자와 공급자 모두 지구 회복을 지향하는 생활 태도와 생산방식을 선호하게 될 것이고, 자연스럽게 일자리도 증가할 것이다.

두 번째로 장기적인 발전에 초점을 맞추는 경제계획을 수립하는 것이다. 장기 계획은 시대마다 다른 의미로 인식되었다. 농경 시대에는 자식을 많이 낳아 이들이 다음 세대를 풍요롭게 만들게 하는 것이 장기 계획이었다. 피라미드와 같은 거대한 건축물을 세운 이집트나 마야의 문명에서는 이런 건축물을 짓는 것이 보통 2~3세대가 흘러야 가능하므로, 몇 세대에 걸친 장기 계획을 세웠을 것이다. 커먼즈 경제 시스템도 이런 장기적인 계획이 필요하다. 그리고 이런 계획은 개인이나 기업이 아닌 정부 주도로 수립되어야 한다.

재생에너지 확대는 커먼즈 경제의 핵심이다. 그러나 이것이 전부는 아닌데, 발전의 안정성과 효율을 위해서는 전기 공급망도 함께 개선해야 하기 때문이다. 개선된 공급망 혹은 송전시설에 의해 초고속 기차, 터널, 다리, 그리고 고속도로 등 사회 필수 시스템이 커먼즈로서 관리 운영되어야 한다.

그러기 위해서는 전기를 저장하는 기술이 더 발전해야 하고, 건물의 효율성이 높아져야 하며, 운송 산업에서 뿜어져 나오는 탄소도 사라져야 한다. 녹색기술 혁신이 커먼즈 경제에서 차지하는 비중이 점점 높아질 수밖에 없는 것이다. 이런 녹색기술에 더 많은 투자가 이루어지는 경제 구조를 만들어 미래세대에게 새로운 기회를 제공해야 하고, 필요하면 세대 간 계약을 수립하여 장기적인 목표 달성의 의무를 부과할 필요도 있다. 현세대가 마무리하지 못한 계획은 다음 세대가 이어받아 완성하는 것이다. 이런 장기 계획이 수립되고 실행되어야만 자식 세대에게도 희망이 계속 존재할 것이다.

커먼즈는 물질적인 것만을 의미하지는 않는다. 사회관계 혹은 인류 공동체의 삶에 핵심이 되는 가치관과 지식도 포함된다. 따라서 내재적 커먼즈에 모두가 접근할 수 있어야 하고, 비용도 점차 줄여나가야 한다. 지적재산권 보장을 거부하는 것은 아니지만, 현재처럼 모든 국가와 사회에 비대칭적으로 적용되는 것은 재고할 필요가 있다. 최근에는 돌봄, 먹거리, 재활용 등의 분야에서도 구체적인 관리 모델이 계속 실험되고 있다. 규모의 차이만 있을 뿐 커먼즈 경제의 실천 방법이 누적되는 현상으로 보인다. 이와 같은 방식이 계속 실행되고 보완된다면, 기존의 경제 상식과 조화를 이루면서도 새로운 패러다임을 흡수하는 실천 방안이 점점 현실화 될 것이다. 여기에 더해 공공정책의 새로운 모멘텀으로 커먼즈 경제를 확대할 수 있다면 우리가 바라는 지속가능한 발전에 한 걸음씩 다가갈 수 있을 것이다.

II.
기후위기 대응과
탈성장 모듈 접근*

김현우

* 생태적지혜(2022. https://ecosophialab.com/).

최근에 나온 노암 촘스키와 로버트 폴린의 대담집, 『기후위기와 글로벌 그린뉴딜』(현암사, 2021)은 기후위기에 대응하는 체제 전환의 스케일을 일깨우면서 전환에 수반되는 문제들에 '리얼'하게 대면할 것을 요청한다. 기후위기에 대해 '좋은 게 좋은 것' 또는 '윈-윈'의 해법 같은 것은 없으며, 기존 제도의 관성과 신자유주의의 거대한 힘을 직시하고 그린 뉴딜과 정의로운 전환(이 책에서도 '공정한 전환'이라고 번역하고 있긴 하지만) 자체가 진지한 정치적 투쟁이어야 함을 환기한다. 무릎을 두드리고 맞장구를 치고픈 대목들로 가득 차 있다.

　　하지만 이 저명한 학자이자 활동가들도 '탈성장'을 언급하는 부분에 와서는 흔한 오해 또는 편견을 드러낸다. 사회자가 탈성장의 현실성과 바람직함을 묻자, 폴린 교수는 탈성장을 주장하는 이들을 존경하고 많은 부분에 동의하지만, 탈성장은 기후변화라는 구체적 문제에 대해 현실성 있는 기후 안정화 체제 비슷한 것조차 제공하지 못한다고 비판적인 견해를 밝혔다.

예를 들어 탈성장 강령에 따라 GDP가 향후 30년간 10퍼센트 감소하고, 온실가스 배출이 그 효과만큼인 10퍼센트가 줄어들 경우, 이는 배출을 0으로 만들어야 한다는 IPCC의 권고에 한참 미치지 못하는 반면에, 엄청난 경기 침체와 생활 수준 하락을 야기하리라는 것이다. 폴린은 GDP가 대폭 감소할 경우 대량 실업의 급격한 증가를 어떻게 피할 수 있을지에 대해 설득력 있는 주장을 제시하는 탈성장 지지자를 한 명도 본 적이 없다고 말한다. 따라서 탈성장 시나리오 하에서도 탄소 배출량을 끌어 내릴 강력한 요인은 GDP 전체 규모의 축소가 아니라 에너지 효율과 청정 재생에너지 투자의 대규모 확대와 이에 병행하는 화석에너지 극적 감축이라고 본다. 재생에너지는 (GDP 증가에 기여하는) 성장을 해야 하고 화석에너지는 탈성장을 해야 한다는 주장이다. 촘스키 역시 조금 누그러진 어투로 성장과 탈성장 모두의 균형점을 찾아야 한다고 말한다.

그러나 과연 탈성장 논자들은 GDP의 감소만을 온실가스 감축의 주된 수단으로 삼는가? 재생 가능한 에너지 사용 확대와 에너지 효율화에 대한 투자마저 거부하는가? 폴린이 사례로 드는, 허먼 데일리가 사실상 '정상 상태' 경제로 접어들었다고 보는 일본이 거의 제로성장 상태에서도 온실가스 배출 감축에 실패했다는 진단은 정확한가? 총산출량이라는 변수를 제쳐 두고 기술과 투자 구성의 변화로만 해법을 찾는 것이 가능한가? 예컨 대 케이트 레이워스의 '도넛'은 어떻게 자리매김해야 하는가? 또 는 탈성장론들이 군이 성장의 여러 측면들과 GDP 지표의 문제 점을 분별하는 것을 이들이 제대로 읽은 것인가? 여러 질문들이 제기될 수 있다. 어쨌든 많은 진보주의자 또는 좌파에게도 탈성 장은 히피 복장의 루저들이나 스웨터를 껴입은 카터 대통령 같 은 이들이 관념적으로 말하는 이상론이라는 스테레오 타입으로 인식되곤 한다는 것을 짚어 두자.

이처럼 탈성장을 지지하든 비판하든 간에, 탈성장에 대한 각 자의 이미지를 그려 두거나 선입견을 가지고 해석하는 것은 일 정하게 불가피할 것이다. 자신이 생각하는 탈성장을 사람들이 이해해주지 못한다고 생각하고 말아서는 안 되고, 자신이 비판 하는 탈성장이 전부라고 생각해서도 곤란하다. 이는 지난 시기 이론과 현실 정치 모두에서 큰 흐름을 대표했던 사회주의에 대 해서도 마찬가지다. 자본주의조차 그것을 비판하고 극복하거나 옹호하는 사람들의 시각과 입장은 다양하기 그지없다.

'모듈' 접근은 이럴 때 도움이 될 수 있을 것 같다. 말하자면 어 떤 사조나 운동을 이루는 부분들의 구성이나 부분들이 조합되 는 경향을 통해 그 전체적 외연과 내포를 이해하는 것이다. 모 듈은 한 요소나 부품보다는 큰, 어떤 맥락 속에서 선택되고 결합된 부품 조립체나 장치다. 모듈은 전체의 일부로 기능하지만 따로 떼어서 독립적으로 기능할 수 있고, 다른 부품이나 모듈과 결합되어 새로운 전체를 구성할 수도 있다. 탈성장처럼 단순하게 규정하기 어렵고 더욱이 한창 진행 중인 이론과 운동이라면 이렇게 나무보다는 더 큰 모임인 작은 숲들을 봄으로써 전체 숲을 조망하고 그 숲이 어떻게 발전할 것인지를 파악하는 게 더 적절할 수 있다. 게다가 이 개별 모듈들 자체의 적절성도 논의와 검토에 유용한 대상이 되고 더 의미 있는 조합을 상상할 수 있다는 장점도 있다. 탈성장 이론가들이 제안하는 모듈들은 이미 여러 문헌에 제시되어 있다.

탈성장의 모듈들

제1세계와 3세계를 아우르는 필자들이 나선 『다른 세상을 위한 7가지 대안』(착한책가게, 2018)의 원제는 '체제적/체계적 대안'(Systemic Alternatives)이다. 자본주의와 인간중심주의, 가부장제가 불러온 지금의 위기에 대해 필자들은 일곱 가지 대안이 서로 연결되게 제시될 필요가 있다고 말한다. 그 대안들은 안데스 원주민공동체에게 배우는 '참다운 삶'을 의미하는 비비르 비엔, 검약한 풍요 사회로 가기 위한 '탈성장', 공동의 것을 공동체가 관리하는 모델인 '커먼즈', 가부장제와 생태위기에 도전하는 여성운동인 '생태여성주의', 인간과 자연이 평등한 지구공동체를 위한 '어머니 지구의 권리', 세상의 상품화를 막는 지구공동체를 말하는 '탈세계화', 그리고 커다란 협동의 원칙으로서 '상호보완성'이다. 여기서 탈성장은 일곱 가지 이론 및 철학과 실천의 중간쯤에 위치하는, 그 자체가 하나의 모듈이다.

최근 많이 인용되는 탈성장론자 자코모 달리사, 페데리코 데 마리아, 요르고스 칼리스가 함께 묶어 낸『탈성장 개념어 사전』(그물코, 2018)에는 탈성장 운동을 구성하는 모듈이 정말이지 빼곡하다. 이들이 탈성장의 대안적 자원 또는 행동으로 제시하는 것은 '다시 땅으로, 기본소득과 최대 소득, 공동체 통화, 협동조합, 부채 감사, 디지털 공유물, 불복종, 생태 공동체, 인디그나도스(점령), 일자리 보장, 공공 자금, 신경제, 나우토피아, 탈성장 과학, 노동조합, 도시 텃밭, 일자리 나누기, 부엔 비비르, 영속의 경제, 페미니스트 경제학, 우분투 등이다. 이런 모듈들 일부는 과거의 운동과도 겹치고 동시대의 이론이나 운동과도 많은 부분을 공유한다. 그러나 다른 운동들이 중요하게 간주하지 않았거나, 수상쩍거나 공격했던 모듈들도 있을 것이다.

제이슨 히켈도 최근 저서『적을수록 풍요롭다-지구를 구하는 탈성장』(Less is More, 창비, 2021)에서 기후위기에 맞서면서 포스트-자본주의 세계로 가는 길에 관하여 몇 가지 모듈을 제시한다. 계획된 진부화 끝내기, 광고 줄이기, 소유권 대신 이용권의 보장, 식품 폐기 없애기, 생태계 파괴 산업 규모 줄이기, 공공재의 탈상품화와 커먼즈의 확장, 부채 탕감과 급진적 풍요, 새로운 화폐, 그리고 민주주의의 힘이다. 정신적 탈식민화와 생태주의 인식에 기반하는 두 번째 과학혁명, 포스트-자본주의의 새로운 윤리학도 제시된다. 각각의 모듈이 한 다발씩 이야깃거리를 던져주거니와, 너무 작다고 여겨졌지만 굉장히 커다란 것일 수 있는 제안들이다. 탈성장론을 일찌감치 제기해 온 세르쥬 라투슈, 팀 잭슨, 좀 더 거슬러 올라가서 앙드레 고르즈와 이반 일리치, 한국에서 보자면 장일순 선생과 김종철 선생이 했던 이야기들에서도 앞의 모듈들과 이래저래 겹치는 목록을 발견할 수 있다. 그렇게 본다면 탈성장은 추상적이거나 관념적이기는커녕, 해 보자는 제안과 아이디어들이 이미 풍부한 매우 구체적인 이론이자 운동이다. 다만 탈성장이라는 간판을 따로 달지 않았을 따름이다.

몇 해 전 작고한 미국의 사회학자 에릭 올린 라이트가 '리얼 유토피아' 논의를 제안하면서 민주사회주의 경제의 구성 요소로서 제시하는 것들도 탈성장론과 많은 부분 교집합을 이룬다. 조건 없는 기본 소득, (노동자 협동조합과 공공 지원 협동조합을 포함하는) 협동적 시장 경제, 사회/연대 경제, 자본주의 기업의 민주화, 공익사업체 은행, 재화와 서비스의 국가 공급, P2P 방식의 협력 생산과 지식 공유재(커먼즈) 등이다.

이렇게 살펴보면, 탈성장의 모듈 목록 대부분에 포함되는 교집합이 드러난다. 무엇보다 중요한 것은 조건 없는 기본소득이다. 지난번 한국의 대선 정국에서도 많은 논쟁을 낳았고 무엇이 진정한 또는 의미 있는 기본소득인가 하는 논쟁 여지가 있지만, 일정한 소득의 보장을 통해 불필요하게 생태 파괴적이고 착취적인 노동을 줄이고 개인과 집단의 자유롭고 의미 있는 활동을 보장하는 장치의 필요성은 여전히 남는다. 이는 현물 지급 위주의 사회보장을 강화한다 하더라도 채워지지 않는 부분, 인간의 더 많은 자유와 더 적은 필요 노동이 만들 수 있는 세계에 대한 상상으로 이어진다. 노동시간 단축과 불필요한 소비 축소는 기본소득과 강한 연결고리를 갖는 모듈들이다.

GDP의 대체 또는 상대화 역시 공통적으로 포함된다. 이 모듈은 탈성장이 역성장이나 마이너스 성장과 갖는 관계에서 중요한 논의점을 열어주며, 현재 지배적인 경제와 정치 체제 및 이데올로기에 맞서고 이들을 허무는 살바 역할을 한다. 소비와 생산에 대한 통제 방식과 관련된 모듈들은 기후위기, 특히 온실가스 감축과 관련하여 매우 구체적인 수단에 대한 쟁점을 제공한다.

연대와 공유의 경제의 모듈들은 감축뿐 아니라 기후위기 적응과 함께 대안적인 경제 건설의 원리와 자원이 되어 줄 수 있다.

탈성장과 계획경제

탈성장을 이렇게 모듈로 나누어 보면, 어떤 부품과도 결합할 수 있다는 것이 장점도 되지만 각각으로는 그다지 특별한 의미가 없는 것이 되고 말 수도 있다. 실제로 탈성장에 대한 비판론 중 다수는 탈성장이 현 체제에 위협이 되거나 대안이 되지 못한다는 것이다. 그러나 모듈은 따로 또 같이 맥락을 이루며, 특히 기후위기 상황과 그 대응에서 탈성장은 그 자체가 반(탈)자본주의로 환원할 수 없는 중요한 모듈이 될 수 있다. 이는 탈성장이 기후위기 대응에 필수적인 모종의 계획경제와 결합할 때 더욱 그렇다.

폴 호켄 등이 주축이 되어 2017년에 첫선을 보인 다국적 온실가스 감축 프로젝트가 '플랜 드로다운'이다. 플랜 드로다운은 환경경제학의 관점에서 이미 현실에서 이용 가능한 80가지 온실가스 감축 솔루션의 효과를 계산한다. 이 프로젝트는 핵발전 중가나 BECCS(바이오 에너지 탄소 포집 기술)같이 실제로 적용이 불가능하거나 위험한 해법까지 요소로 포함하는 IPCC의 지구온난화 특별보고서보다 훨씬 신빙성이 있고 참고할 만한 자료다. 그렇지만 플랜 드로다운은 대체로 지금과 같은 수준의 자원 생산과 에너지 소비를 전제한다. 음식물 쓰레기 최소화 같은 수단이 있지만, 금방 고장 나게 만드는 공산품 생산을 금지하거나 불필요한 고된 노동을 줄이는 것과 같은 사회경제적 솔루션들은 다루지 않는다. 그러나 우리가 지금의 총 노동시간과 총 산출을, 예컨대 2050년까지 1/4 또는 1/2 만큼 줄이면서도 충분히 인간다운, 더 풍요한 삶을 살 수 있다고 가정하면, 플랜 드로다운의 계산은 원초적으로 달라질 수 있을 것이다. 물론 어떤 것이 더 현실적인 가정인지는 프레임의 문제다.

지난 2021년 8월 초에 발표된 탄소중립위원회의 2050 탄소중립 시나리오 초안에 대해서도 생각해 보자. 시나리오의 1, 2안뿐 아니라 탄소중립을 산술적으로 가능하게 한 3안조차 30년 뒤탄소중립을 위한 수단을 제대로 담고 있지 못하다고 엄청난 비판을 받았다. 그런데 이렇게 된 핵심 이유는 이 시나리오들이 2050년까지 특히 산업 부문의 에너지 수요가 지금과 비교해 거의 변하지 않는다고 전제했기 때문이다. 이러한 수요를 감당하기 위해 화석연료 수요의 대부분을 전기화하고 효율화하지만, 탄소중립을 이루기에는 그것으로 부족하기 때문에 CCUS(이산화탄소 포집·활용·저장), 산림 흡수원, 수소 이용 같은 장담할 수 없는 기술적 요소들을 투입해 만든 것이다. 그러나 30년 뒤에 한국의 인구, 경제의 양적 규모, 제조업의 비중, 평범한 사람들의 소비문화가 변하지 않을 것이라고 가정하고 상상하는 것이 오히려 비현실적인 가정이 아닐까? 30년이라는 시간 동안 만들 수 있고 만들어야 할 온갖 변화들을 생각한다면, 탈성장의 여러 모듈은 그리 급진적이거나 대단한 제안들도 아니지 않을까?

그렇다면 탈성장이 '맞다 / 그르다' 또는 '현실적이다 / 아니다'라고 단편적으로 규정할 게 아니라, 예컨대 30년 뒤 우리의 삶과 정치사회를 그려 보이고 그것으로 나아갈 구체적인 제안들로 논점을 바꾸는 게 훨씬 좋은 방법일 것이다. 탈성장의 모듈이 적절치 않거나 불충분하다면 다른 모듈의 조합 또는 프로젝트를 말하면 되고, 제안들의 차이가 크지 않다면 통합이나 조정을 논의하면 된다. '자본주의가 문제다'라는 주장 역시, 그렇다면 자본주의를 극복하고 대체할 모듈과 방법에 대한 이야기로 나아가지 않으면 안 된다. 그런 점에서 나는 탈성장과 계획경제를 결합하는 모델에 대해 더 깊은 논의가 전개되기를 바란다.

에둘러서 말할 것 없이, 기후위기 대응에 있어 계획경제 요소는 더욱 전면화되어야 한다. 나오미 클라인, 에릭 올린 라이트, 그리고 시장주의적 버전이지만 심지어 리프킨까지 말하는 것이 대규모 국가 개입과 공공사업의 필요성이다. 그런데 이게 새

II. 기후위기 대응과 탈성장 모듈 접근

로운 사업(뉴딜)에만 국한될 이유가 없다. 자원 소비의 증가와 이를 충당하기 위한 성장을 전제로 해서는 이런 국가계획 역시 밑 빠진 독을 채우면서 기후위기를 가속화하는 기업과 시장 기제에 대한 의존을 계속하게 만들 수밖에 없다. 국가의 중기재정 투입 계획과 온실가스 감축 계획, 에너지 기본 계획이 모두 정합성을 가지고 작성되고 점검되어야 한다. 그러기 위해서는 당연히도 GDP가 아니라 '도넛'의 여러 지표들이 중심이 되는 탈성장 또는 대안 성장 계획경제가 요구된다. 물론 이런 계획경제는 성장 논리에 찌든 관료와 목소리 큰 기업들이 주도하는 계획이 아닌, 참여적 계획경제여야 한다.

다른 한편, 자본주의의 대체 또는 극복이 총파업과 봉기 같은 한두 번의 이벤트로 가능한 게 아니며, 자본주의의 폐절 이후 비로소 생태사회나 경제가 시작되는 게 아니라면, 우리는 더욱 적극적인 모색과 프로그램을 시작할 수 있다. 탈성장은 지금의 자본주의 체제가 기후위기를 해결할 수 없다는 점을 분명히 할 뿐 아니라, '자본주의 아닌', 그리고 장기적이고 항상적인 기후위기 상황에서 우리가 함께 나누어야 할 사회의 형태와 방식을 구체적으로 알려주고 시작할 수 있게 해준다.

결국 탈성장을 전제로 하는 것은 (국가 수준의) 참여적 계획경제와 (개인과 집단/지역 수준의) 자립과 살림의 확대, 그리고 관계와 과정으로서 연대와 민주주의 심화라는 수단과 앞뒷면을 이룬다. 정의로운 전환 역시 이 전체 과정의 원칙이자 하나의 모듈로 보아도 좋을 것 같다. 정의로운 전환은 그 자체로 의미 있는 프로그램이고 아이디어이지만, 그 자체로 올바르고 퇴행 없는 변혁을 보장하는 개념은 아니며, 정의로운 전환이 모종의 변혁을 담보하지 않는다고 해서 불필요하거나 해악적인 개념으로 재단할 일은 더욱 아니다.

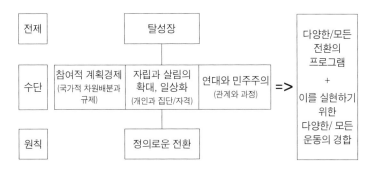

[그림] 기후위기 대응과 전환의 구성 요소

라이트가 말하듯, 우리의 미래는 '하이브리드'로 다가올 것이다. 정치 체제로서도 그렇고 운동으로서도 그렇다. 필요한 전환을 실현하기 위한 다양한 운동, 모든 운동이 정신없을 정도로 펼쳐져야 하고 대안의 모듈들이 흘러넘쳐야 한다. 자기 마을과 도시에서 '도넛'의 경제학과 도넛의 운동을 만들고 이 도넛들이 사방팔방으로 연결되는 상상을 해 보아도 좋겠다. 이런 거대한 전환 속에서 어떤 계획경제, 어떤 민주주의, 어떤 주체와 관계들을 만들자는 제안이 필요한 때다. 없던 것이 아니라 낯익은 지난 이론과 운동들에서 그런 모듈들은 얼마든지 발견될 수 있다. 탈성장의 모듈들은 어떤 참고 또는 도발이며, 진지한 제안과 기획서들이다.

III.
탈성장을 위해
협동조합은
무엇을 할까?*

김혜경

* 생태적지혜(2021.8.10 https://ecosophialab.com/).

자본주의 사회에서 성장이라는 맹목적 물신

개발과 성장의 굴레에 갇힌 소비사회에서는 자원 고갈과 환경 파괴를 피할 수 없다. 자본의 성장 신화를 벗어나야만 화려하지 않아도 만물이 어우러진 풍요로운 사회를 꿈꿀 수 있으니 지금, 여기를 고민하는 협동조합은 탈성장으로의 전환을 모색할 때이다.

"활동을 시작하고 나서 영 거북하게 들리는 단어가 있어요."

언젠가 후배 활동가가 '성장'을 두고 한 말이다. 비록 활동 경험은 부족하지만 적은 나이도 아니고 나름의 판단 기준도 있는데 암묵적으로 획일화된 성장을 강요받는 것 같다는 불만이었다. 발언의 배경과 시점으로 볼 때 동의는 안 되었지만 조금 다른 결로 생각해보면 우리 사회는 늘 성공 신화와 이를 향한 성장에 대해 강박을 안고 있다. 어쩌면 그는 협동조합임에도 불구하고 이러한 강박을 조직적으로 요구받고 있다고 생각했을지도 모르겠다. 그렇지만 성장이 본래 부정적인 의미는 아니지 않는가? 자본주의 경제의 왜곡된 무한성장이 아니라면….

자연계에서 성장은 지극히 당연하고 모든 생명체는 성장의 과정을 거친다. 이때 성장은 탄생에서 죽음에 이르는 과정에 다른 생명체와 어우러져 자연스럽게 자리하고 성장을 위해서 지원과 보호도 받는다. 그런데 우리 사회에서 성장은 어떤 의미인가? 사회적 성장의 기준에는 언제나 경제지표가 따른다. 자본주의적 성장은 자본의 무한 확장이고 맹목적 물신(物神)이다. 자본은 수단을 넘어 멈출 수도 없고 끝도 없는 목적이 된다. 자원의 소멸과 파괴에 기반한 자본의 확장이 영원할 수는 없다. 저성장 시대로의 돌입은 저출산, 고령화, 자원고갈, 그리고 최근 코로나로 인한 소비시장 위축까지 외적 원인이 다양하지만 근본적으로 자본주의적 모순이 한계를 맞은 것이라 생각한다. 그런데도 저성장을 검색하면 마치 극복 가능한양 기업경영부터 부동산투자 혹은 투기까지 자본주의적 패러다임에서 한 발짝도 벗어나지 못한 온갖 대응설이 난무한다.

18세기 산업혁명 이후에 시작된 자본주의는 세계를 뒤덮었고, 오늘날 우리의 의식은 자본주의적 사고를 벗어나기가 매우 어렵다. 이를테면 숨을 쉬기 위한 공기가 공공재인 것처럼 기본적인 의식주를 해결하기 위한 터전으로 토지도 공공재여야 한다고 주장한다면 사상의 불온함을 의심받을 것이다. 노동은 상품화될 것이 아니라 생존과 진정한 행복을 위해 필요와 욕망을 해결하기 위한 행위여야 한다고 하면 정신 나간 소리 한다고 비웃음을 살지도 모르겠다. 토지와 노동을 비롯하여 모든 상품을 사고 팔 수 있는 화폐는 교환수단 이상의 계급을 결정짓는 권리, 권력이 되었지만 당연시된다. 요즘 대두되는 가상화폐에 대해서 잘은 모르지만 이 또한 투기용 상품이 되어 버린 것 같다. 문제는 지금의 저성장 기조는 자본주의가 한계를 드러내는 현상인데, 의식의 전환이 일어나지 않는다면 암울한 미래를 벗어날수 없다. 어렵지만 그동안 당연하게 생각했던 왜곡된 개념을 다시 잡아서 탈성장으로 전환해야 한다. 저성장 시대는 견디며 지나가는 보릿고개 혹은 시대적 숙명으로 받아들일 일이 아니다.

곳곳에서 기후위기 현상이 발생하고 코로나라는 극심한 위기 상황을 맞았다. 지금의 위기가 인간 중심의 무분별하고 제한 없는 개발과 파괴에서 비롯되었음은 더 이상 반론의 여지가 없지만, 해결책은 여전히 부실하기만 하다. 앞에서 말했듯이 개발과 성장이라는 자본주의적 굴레에서 벗어나질 못하고 있기 때문이다. 물론 사고의 전환만으로 국가적 경제 기반이나 기업의 속성을 바꿀 수는 없다. 그러나 몇몇의 사람이라도 의식을 전환하고 힘을 모으면 작은 변화를 일으킬 수 있다. 중요한 건 변화가 주는 경험이다. 인간은 경험 없이 상상할 수 없고 상상력은 경험을 바탕으로 발동한다고 한다. 경험은 상상력을 키우고 상상력은 또 다른 시도와 변화를 경험하게 하면서 확장될 것이다. 가시화 된다면 사회적으로도 간접경험의 효과를 불러올 수도 있다.

자본을 수단으로 행복을 찾는 협동

그렇다면 무엇을 어떻게 시도할 것인가? 협동조합에서 희망 을 볼 수 있겠다. 다행인 건 그나마 협동조합 결사체가 곳곳에 존재한다는 것이다. 1995년 ICA(International Cooperative Alliance, 국제협동조합연맹)는 "협동조합은 공동으로 소유되고 민주적으로 통제되는 사업체를 통하여 공통의 경제, 사회, 문화적 필요와 열 망을 충족시키기 위하여 자발적으로 모인 사람들의 자율적인 결사체이다"라고 정체성을 규정한 바 있다. 규정에 따라 운영만 잘 된다면 사회적 대안으로 힘을 발휘할 수 있다. 다양한 형태 로 존재하는 협동조합의 구체적인 목적과 지향은 조합의 특성 과 조합원에 따라 모두 다르다. 그러나 정체성은 모든 협동조합 에 적용된다. 공동으로 소유되고 민주적으로 통제되는 사업체 를 통하여 자본의 협동을 이루지만 이때의 자본은 성장이 목적 이 아니라 공통의 경제, 사회, 문화적 필요와 열망을 이루기 위한 수단이다. 이를 위해 자발적으로 모인 사람들이 자율적으로 결사하는 것이다. 협동조합이 결사체로서 단단하게 경제적으로 자립하고 스스로 필요와 열망을 충족해 나갈 때 무한성장 신화의 소비사회 굴레에서 벗어날 희망이 생긴다.

행복한 상상을 해 본다. 노동을 협동한다면 이는 돈의 가치로 매겨지는 상품화된 노동이 아니라 필요를 해결하기 위해 행해지는 신성한 노동이 될 것이다. 신성한 노동으로 경제적 협동을 이룰 수 있다. 또한 자본주의 사회에서 상품은 온갖 달콤한 광고로 불필요도 필요인 듯 강요하고 세뇌하여 과잉 생산하지만, 이윤추구가 목적이 아닌 협동조합에서는 진정 필요한 물품을 만든다. 포장도 화려함으로 상품을 돋보이게 하기보다는 물품보호 기능에 충실하면서 최대한 환경을 생각하는 방향으로 갈 것이다. 생산과 소비의 패러다임도 재구성해 볼 수 있다. 직접 생산을 하거나 돈이 아닌 재능을 교환할 수도 있고 중간유통의 거품을 빼고 직거래를 할 수도 있다. 생산과정에서 이윤추구에 초점을 맞춰 최소의 비용으로 최대의 효율을 올리는 것이 아니라 불필요함을 거둬내는 효율로 여유를 찾을 수 있다. 여기서 생겨난 여유는 돈일 수도, 시간일 수도, 어쩌면 마음일 수도 있겠다. 나를 둘러싼 주변을 돌아볼 수 있는 여유로 필요한 곳에 돌봄을 실천할 수도 있다. 돈과 물품만으로 행해지는 돌봄이 아니라 상대를 알고 정말 필요한 것을 채워주는 진정한 돌봄을 그려본다. 조합원들은 환경문제를 스스로 해결하기 위하여 돈보다 앞서 지혜를 모으고 사회적 활동과 함께 작은 생활실천을 나부터 해 나갈 것이다. 이는 전부터 오랫동안 행해졌지만 사회적 위기의식이 커지는 만큼 공감대 형성도 확산될 것이다.

협동은 언제나 지금, 여기의 일을 고민하고 해결해 나간다. 물신을 거두고 지금보다 행복하기 위해서 지금, 여기는 해결해야 할 문제가 너무나 많다. 자본주의의 위력으로 무너지고 훼손된 자연이 회복 불능 상태로 떨어지기 전에, 생존의 위협으로 사람들의 심성이 더 이상 황폐해지기 전에 돌이켜야 한다. 탈성장 사회로 진입하여 자본의 굴레를 벗어나야 한다. 협동으로 힘을 모아야 한다.

IV.
학교에서 탈성장을 가르칠 수 있을까?*

남미자

* 생태적지혜(2021.6.10 https://ecosophialab.com/).

근대사회에서 '교육은 무엇을 가르치고 배울 것인가'와 같은 교육의 방향이나 내용에 대해서는 무관심했다. 공교육은 성장주의의 토대로, 학교는 경쟁의 장으로 주로 기능해 왔다. 근대교육은 자본주의와 밀접한 관련이 있다. 교육은 기존 질서의 적응과 새로운 질서에 대한 가능성이라는 두 가지 속성을 모두 가지고 있기 때문에 새로운 문명으로의 가능성이 교육에서부터 시작될 수 있다.

성장주의의 토대로 공(公)이 사라진 학교

교육과정 총론에서는 교육의 목적을 "모든 국민으로 하여금 인격을 도야하고 자주적 생활 능력과 민주 시민으로서 필요한 자질을 갖추게 하여 인간다운 삶을 영위하게 하고 민주 국가의 발전과 인류 공영의 이상을 실현하는 데 이바지하게 함"이라고 제시하고 있다. 이러한 교육의 목적에 누구나 공감을 하면서도 사람들이 교육을 하는 (또는 받는) 실질적인 이유는 사회적 지위 획득과 관련이 있다. 결과적으로 학교에서 무엇을 어떻게 배우는가보다 점수화된 교육의 결과를 주로 중요시한다. 이것은 교육이 교육 그 자체의 목적 대신 도구적으로 기능해 왔음을 의미한다. 그러다보니 '무엇이 좋은 삶인지'와 같은 본질적인 질문은 하지 않은 지 오래다.

교육의 혁신 역시 시대의 변화에 따라 그때그때 주류 사회가 요구하는 자원으로서 인재상에 대한 논의를 중심으로, 어떻게 하면 그 시대의 유능한 혹은 경쟁에서 우위를 점할 수 있는 인재를 길러낼 것인가를 교육 변화의 핵심에 두었다. 예컨대 다보스 포럼에서 4차 산업혁명이라는 화두를 던졌을 때 교육계는 너도 나도 미래교육과 인공지능 등을 연결하여 교육의 변화를 촉구했으며, 코로나19로 기후위기가 사회적 화두로 떠오른 지금도 교육의 논리는 미래사회의 적응을 중심으로, 생태 환경 교육의 강화를 이야기한다.

다시 말해 교육은 개인의 성공을 위한 수단으로, 학교는 경쟁의 장으로 기능해 왔다. 자본주의 사회에서 개인의 성공이란 결국 더 많은 자본을 획득하는 것이며, 교육은 그것을 위한 지위 또는 자격 획득의 도구로서의 역할을 수행해 왔다. 점점 교육이 무엇을 위한 것인가와 같은 근본적이고 철학적인 질문은 사라지게 되었다. 결과적으로 교육과정 총론의 첫머리에 제시된 교육의 목적은 사문화되었다고 해도 과언이 아니다.

경쟁의 장에서 중요한 것은 공정한 규칙이다. 가치와 지향이라는 공교육의 방향을 상실한 학교가 교육 경쟁의 공정성에 천착하는 것은 당연한 결과이다. 평등이나 정의를 말하는 진보교육 진영에서도 학교교육이 추구해야 할 혹은 학교교육이 중요하게 다루어야 할 내용이 무엇인가보다는 '개천에서 용이 날 수 있는' 제도로서 학교교육이 기능하는가 그렇지 않은가에 더 관심을 기울여 왔다. 그것이 교육의 정의이자 평등으로 다루어졌다. 이러한 흐름은 한국 사회의 급격한 경제성장과도 관련이 깊다. 급격한 경제성장이 이루어지는 상황에서는 노력을 통해 계층 이동이 가능한 것처럼 보인다. 자연스럽게 한국 사회의 근대화 시기인 1960~70년대에는 경제성장이 곧 선이자 개인 행복의 근본 토대라고 여겨졌다. 학교라는 공적 제도는 성장 이데올로기를 떠받치는 핵심기제로 작동했다.

그러나 한없이 성장할 것 같았던 경제는 성장세를 주춤하다 못해 내리막길을 걷고 있다. '노오오오오오력의 배신'이라는 말이 말해주듯이, 교육은 자본 획득의 도구 기능마저 상실했다.

교육의 원리이자 방향으로서 탈성장

근대 경제체제로서 자본주의는 자연과 노동의 착취를 토대로 경제성장을 이뤄 왔으며, 그것이 곧 좋은 삶이라고 여겼다. 그러나 경제성장은 모두의 좋은 삶과는 거리가 멀다. 오히려 빈부 격차는 심화되었고, 지구의 자원은 고갈되고 있으며, 기후위기를 비롯한 지구 생태계는 재난의 수준에 이르렀다. 또한 인간과 인간 아닌 존재들이 삶에 위협을 받고 있는 전 지구적 위험 상황에서 상대적으로 취약한 존재들이 더 큰 피해를 입고 있다. 이 때문에 제이슨 무어는 자본주의를 "생명의 그물망 내에서 이루어지는 권력, 수익, (재)생산 시스템"으로 재규정하면서, 지구 전체의 생태계를 지배하는 메타시스템으로 이해하고자 했다.

현재와 같은 자본주의 경제체제는 결코 채워질 수 없는 욕망을 만들어 모두를 "가난한 중독자"로 만든다(라트슈, 2015:121). 경쟁적이고 탐욕적인 사회는 절대적 패자와 상대적 패자를 양산할 뿐 아니라 다른 존재의 고통을 회피하도록 만들었다. 그들은 근대적 질서의 틀 바깥으로 밀려난 쓰레기가 되는 삶들이다. 그리고 모두는 쓰레기가 되지 않으려는 안간힘 속에서 벼랑 끝에 내몰려 있으면서도 서로를 소외시키고 있다. 교육은 쓰레기가 되지 않으려는 '노오오오오력'을 하기를 강요할 수도 있지만, 반대로 누구도 쓰레기가 되지 않는 세계를 상상하고 이를 실천하도록 할 수도 있다.

교육은 모두의 좋은 삶이 무엇인지, 그것을 어떻게 실현해갈 수 있을지를 적극적으로 질문하고, 현재 사회구조의 정당성을 질문하고, 대안을 상상하며, 그것을 학교라는 공적 공간에서 실험해 볼 수 있어야 한다. 그리고 그 길에 탈성장이 있다. 탈성장은 현재 우리가 당면하고 있는 위기로서 파괴와 단절, 소외 등의 문제가 성장이라는 종교적 신념에 가까운 이데올로기로부터 비롯되었음을 전제하고 그와 같은 이데올로기로부터의 탈출을 의미한다. 구체적인 현재 삶의 문제에 질문하고 답을 찾아가는 과정이 공교육의 몫이며, 그런 점에서 탈성장은 교육의 원리이자 방향이다.

모든 인간 존재는 지구라는 토대 위에서 다른 존재들과 함께 살고 있다. 따라서 공교육이 말하는 욕망의 재배치 방향은 모두의 좋은 삶이어야 한다. 어떤 존재도 자기 자신이라는 이유로 차별받지 않으며, 개별 존재의 고유성을 다른 존재와의 조화로운 공존 속에서 발현하는 것이 모두의 좋은 삶일 것이다. 즉 모두의 좋은 삶은 다른 말로 지구 생태계의 정의와 평화이다.

지금 지구 전체의 삶이 모두의 좋은 삶과 거리가 멀다면, 지금까지 당연하게 여겨 왔던 이념에 비판적으로 접근하고 근본적인 문제제기를 하는 태도가 필요하다. 그것은 교육의 몫이기도 하다. 라트슈*는 학교가 경제성장과 경쟁을 중심 가치로 하는 사회에 적응하도록 하는 "문명화된 노예"(158)를 기르는 일을 멈추고 상념의 탈식민지화를 시도해야 한다고 주장한다. 다시 말해서 교육의 기능을 기존의 사회질서에 적응하도록 하는 데 머물 것이 아니라 좀 더 지배이데올로기를 비판적으로 읽고 대안을 적극적으로 상상하는 방식으로 전환해야 한다. 그럴 때에만 교육은 희망이 될 수 있다.

스피박은 교육을 욕망의 비강제적 재배치라고 했다.** 그것은 삶의 구체적 장소로서 학교라는 공간에서 모두의 좋은 삶을 상상하고 실천하는 자율성을 의미한다. 따라서 탈성장을 가르치고 배운다는 것은, 학교라는 공간이 모두의 좋은 삶을 위해서 자기 제한을 경험하고 실천하는 장소로서 의미화되는 것을 말한다.

---

* Latousche, S., 양상모 역. 『탈성장 사회, 소비사회로부터 탈출. 오래된 생각』 2010/20
14, 158-162쪽.
** Spivak, 태혜숙 역, 『교육기계 안의 바깥에서: 초국가적 문화연구와 탈식민 교육』, 갈무리,
1993/2006.

교육이 탈성장 사회로 가는 길목이 되려면

교육의 궁극적인 지향은 자기 삶의 주인이 되는 것이다. 고병헌(2020)은 존재가 존재에 이르는 길을 교육이라 말하기도 했다. 그런 점에서 교육은 자기 결정권, 즉 자유로 연결된다. 여기서 말하는 자유는 제약이 없는 무제약을 의미하는 것이 아니라, 신영복 선생님의 말처럼 "자기(自己)의 이유(理由)를 가지고 살아가는"* 것이다. 우리는 이 지구 위에서 서로 다른 고유성을 지닌 존재들과 함께 거주하고 있다는 점에서, 모든 존재가 각자의 고유성과 독특성을 발현하며 살아가는 모두의 자유를 위해서, 다른 존재의 자유에 대한 관심과 책임, 즉 성숙한 방식으로 나의 자유(혹은 욕망)를 조정하는 과정이 필요하다.** 이는 내가 살고 있는 토대로서 사회와 지구 환경에 대한 책임 개념을 포함한다.

교육은 아렌트의 말처럼, 과거와 미래 사이에서, 신참자(newcomer)의 새로움이 세계에 의해서 파괴되지 않으면서 그들의 새로움이 발현되도록 함으로써 지속가능한 세계를 만들어갈 수 있다. 그것이 교육의 희망이다. 즉 교육은 기존의 사회질서

---

* 고병헌, 『존재가 존재에 이르는 길: 교육』, 이다, 2020, 124쪽.
** 남미자 외, 『미래교육의 거대한 착각: 교사 없는 학습은 가능한가』, 학이시습, 2020, 63쪽.

를 유지하고 적응하도록 하는 동시에, 현재의 질서를 전복할 수 있는 잠재성의 발현이 가능하도록 하는 모순적 속성을 가진다.

교육은 어떤 가치와 철학에 토대하고 있느냐에 따라서 올바름이라는 교육의 방향이 달라진다. 그런 점에서 교육은 정치적일 수밖에 없다. 교육에서 정치적 요소를 제거하는 방식은 정치적 중립을 지키는 것이 아니다. 그것은 이미 교육의 제도 내에 담긴 주류 이데올로기를 숨김으로써 오히려 주류 이데올로기를 강화하는 방식으로 작동하기 때문이다. 따라서 교육의 정치적 중립이란 교육에서 정치적 요소를 제거하는 것이 아니라 세계를 지배하는 질서에 대한 종속적 측면과 해방을 촉구하는 대안과 잠재적 측면 모두를 적극적으로 다루는 것이다.

그러나 지금까지 교육은 기존의 사회 질서 속에서 그것을 유지하는 방식으로만 작동해 왔다. 성장 중심의 자본주의 사회에서 우리는 무비판적이고 수용적인, 그리고 기술과 자본에 의존적인 존재로 만들었다. 교육이 기존의 사회질서와 이데올로기에 종속되도록 하는 측면만 강조되어 왔다면, 이제는 신참자들의 새로움, 즉 기존의 사회질서와 이데올로기로부터 해방시킬 수 있는 잠재력이 발현될 수 있도록 하는 측면, 곧 기존 질서에 대한 비판과 성찰을 좀 더 적극적으로 다룰 필요가 있다. 이러한 과정이 도구화된 교육이 본질을 찾아가는 과정이 될 것이다.

V.
10대의 탈성장 외침, 우리는 안녕하고 싶어요*

남미자

* 생태적지혜(2022.4.26 https://ecosophialab.com/).

얽혀 있는 관계망 속에서 자신을 인식한다는 것은 현재의 내가 어떤 관계들에 의해 실존하고 있는가에 대한 답이다. 근대 인간이 배제하고 소외시킨 존재들과의 관계 맺기를 통한 자기 제작의 과정은 자연과 노동의 착취를 토대로 가능했던 성장 이데올로기로부터의 탈출, 곧 탈성장을 존재론적으로 가능하게 한다.

'청소년기후행동', 청소년들 탈성장 지향

지난 2022년 3월 25일 기후위기 대응을 국정과제 1순위로 요구하며 시위에 나선 이들이 있다. '청소년기후행동'이라는 이름으로 모인 청소년들이다. 이들은 2019년 세계 청소년들의 기후운동 연대인 '미래를 위한 금요일'의 한국 지부로, 전 세계의 청소년들과 연대하며 기후위기 문제를 자기 삶의 문제로 다루면서 직접적인 행동에 나선 이들이다. 모든 존재의 존엄한 삶이

가능하도록 실질적인 지구 평균온도 상승을 막을 수 있는 정책 결정과 실행을 요구하고 있으며, 그 과정에서 당사자인 청소년, 청년, 노동자를 주체로 인정하고 정책 의사결정에의 참여 보장을 요구한다. 이들은 '생태감수성이 풍부해서', '환경 문제에 관심이 많아서' 거리로 나서 결석(파업) 시위를 하는 것이 아니라 '기후위기의 피해와 책임을 견디며 살아가야 하는 당사자'이기 때문이라고 말한다. 즉, 기후위기로 무너진(혹은 무너질) 어떤 것이 자신의 존재와 연결되어 있기 때문에 이들이 거리로 나선 것이라고 봐야 하지 않을까?

청소년기후행동이 명시적으로 탈성장을 주장하고 있지는 않지만 그들의 행동은 탈성장을 지향하고 있다. 특히 기후위기 대응 과정과 경제사회 구조의 전환 과정에서 누구도 배제되지 않고 소외되지 않아야 한다는 주장 이면에는, 다른 존재의 안전과 안녕이 위협받게 될 때 그것이 나의 안전과 안녕의 위협으로 이어질 수 있다는 사실을 전제로 한다고 볼 수 있다. 탈성장은 단순히 경제성장으로부터의 탈출만을 의미하는 것이 아니라 경제성장을 중심으로 나머지를 대상화 혹은 도구화해 온 삶의 양식 전반을 전환하는 것이다.

우리는 문명화, 근대화라는 이름으로 자연과 노동의 착취를 일삼아 왔다. 세계의 경제는 자연과 노동의 착취를 딛고 성장해 왔다. 자연의 착취에 더해 제3세계 사람들의 값싼 노동력이 없었다면 지금과 같은 경제성장은 불가능했을 것이다. 인간의 이성을 중심으로 인간과 자연, 정신과 몸, 주체와 객체(대상), 이성과 감성 등의 이분법적 접근에서부터 노동과 자연의 착취가 이루어졌다. 탈성장으로의 전환을 위해서 우선적으로 인간(Man) 이성을 바탕으로 무한한 발전과 성장이 가능할 것이라는 맹신으로부터 깨어나야 한다.

인간이 지구상의 만물을 지배하고 정복할 수 있다는 오만과 막연한 기대감이 허구라는 것이 드러나고 있다. 지구의 천연자원은 고갈되고 있으며, 지구 곳곳이 사막화되고 있다. 또한 최첨단 과학기술의 발전에도 불구하고 대규모 자연재해 앞에서 무력하며, 지구의 온도는 점점 상승하고 있다. 그뿐 아니라 백신 개발에도 불구하고 코로나19 감염병의 확산을 막지 못하고 있다. 이것은 인간이 지배하고 통제할 수 있을 것이라고 믿었던 비인간 존재가 우리의 현재적 삶과 무관하지 않으며 더욱이 일방적으로 대상화되지 않는 주체성이 있음을 의미한다. 즉 성장주의적 자본주의가 독립된 인간 주체를 중심으로 나머지를 대상화해 왔다면, 탈성장은 단절된 관계들을 복원하는 것이며, 끊임없이 파편화되고 분절화된 개인들이 서로 연결된 존재로 스스로를 새롭게 정체화하는 과정이기도 하다. 따라서 탈성장은 과정적이고 실천적이다.

'자립은 연립을 통해서만 가능하다'는 말처럼 우리는 서로가 서로에게 의존하지 않고는 하루도 살아갈 수 없다. 그런 점에서 김종철 선생님은 생태문명의 원리로 '공희'(供犠)를 제시했다. 생존을 위해 매일 먹는 음식도 식물과 동물의 희생을 통해서만 가능하기 때문이다. 결국 나라는 존재는 끊임없이 나라는 존재 바깥의 무엇과 연결되는 과정인 것이며, 나라는 주체가 선험적으로 존재하는 것이 아니라 물질, 담론, 제도, 환경 등과의 유기적 관계망 속에서 계속적으로 변화하는 '-되기'의 과정으로만 존재하는 것이다.

"우리는 서로-함께-되기가 아니라면 아무것도 아닌 것이 된다."

나라는 존재가 나와 타자, 물질, 세계가 얽혀 있는 상태로 이미 다른 존재와의 관계에 의해서 설명되는 것이라면, 나라는 실존은 관계 바깥에 존재할 수 없다. "모든 것이 서로 연결되어 있으며, 인간도 물질적이며 창발적인 세계의 구성요소의 하나"[*]이

---

[*] Alaimo, S., 윤준. 김종갑 역, 『말, 살, 흙: 페미니즘과 환경정의』, 그린비, 2018, 63쪽.

며, 존재의 핵심은 관계성에 있다. 예컨대 탄소와 다이아몬드는 둘 다 탄소로 구성되어 있지만, 그것이 생성되는 온도, 압력에 따라 탄소 혹은 다이아몬드로 현상화된다. 다시 말해서 무엇과 어떻게 관계 맺느냐가 탄소냐 다이아몬드냐를 결정한다. 마찬가지로 나라는 존재를 설명하는데 무엇과 어떻게 관계 맺느냐가 중요하다.

카렌 바라드는 양자역학에서의 불확정성의 원리*와 상보성의 원리**를 토대로, 인식과 존재의 분리 불가능성을 주장한다. 다시 말해 전자(electron)가 입자성 혹은 파동성을 드러내는 것이 관찰과 행위가 분리된 상태에서 이루어지는 것이 아니라 행위자, 측정도구, 측정대상, 측정행위 사이의 얽힘의 결과이며, 이는 무엇과 어떻게 관계하느냐에 따라 실재(reality)를 다르게 인식하게 되는 것, 또는 실재가 다르게 인식되는 것이다. 바라드는 이것을 상호작용과는 구별되는 내부-작용이라고 설명하는데, 이미 분리되어 있는 존재들의 관계로서 상호작용하는 것이 아니라, 인

---

* 불확정성의 원리(principle of uncertainty)는 빛이나 전자와 같은 물질이 파동과 입자의 성질을 모두 가지고 있지만 동시에 정확하게 관찰할 수 없다는 원리이다.
** 상보성의 원리(principle of complementarity)는 불확정성의 원리를 설명하기 위한 철학적 개념으로, 입자와 파동은 어느 한쪽만 관찰할 수 있기 때문에 입자이면서 파동일 수 없다는 원리이다.

식하게 되는 현상 그 자체가 이미 얽혀 있는 내부-작용의 결과라는 것이다. 이는 인식과 존재 역시 분리 불가능함을 의미한다.

이러한 접근은 '나라는 존재의 본질이 무엇인가?'라는 질문을 '나라는 존재가 어떤 상호 얽힘의 결과인가?'로 바꾸어낸다. 얽혀 있는 관계망 속에서 자신을 인식함으로써 현재의 내가 어떤 관계들에 의해 실존하고 있다고 판단하는지가 곧 윤리의 출발점이다. 즉 다른 존재에 응답하는 능력(responsibility)으로서 윤리란, 인간이라는 우월적 지위에서 나오는 책임이 아니라 관계적 존재로서 서로의 삶에 적극적으로 참여하는 지속적인 자기 제작 과정이 된다.

그러므로 수많은 관계로 얽힌 우리의 삶 속에서 어떤 존재의 삶이 위협받고 있는지 살피고 그러한 문제에 응답하는 과정이 곧 탈성장의 과정이며, 수많은 '너(you)들'의 안녕이 나의 안녕과 무관하지 않음을 깨달을 때, 수많은 너들의 안녕을 위한 연대의 삶으로 드러날 것이다. 그러므로 "우리는 서로-함께-되기가 아니라면 아무것도 아닌 것이 된다."

VI.
탈성장,
현실 대안의
그물망*

김현우

* 동아대 생태시민성인문공동 과제 발표문(2022).

체제 변화와 탈성장 대안

기후위기, 더 넓게 보아 '인류세' 개념이 제기하는 문제는 우리의 생존과 삶 전체의 양태에 걸친 것이다. 이 위기의 근원은 무한한 자원 이용과 노동의 착취를 통해 이루어진 자본주의 경제의 폭발적 성장으로 지목되며, 따라서 위기 해결 방식도 그러한 남용과 폭력을 저지하거나 방식을 바꾸는 것으로 제시된다. 하지만 녹색성장에서 그린뉴딜에 이르는 '생태적 현대화'를 바탕으로 하는 주류적 정책 대안이 제안하는 부분적인 개선과 보완으로 이 자연계와 인간계를 연결하여 펼쳐지는 그리고 장구하게 지속될 가능성이 높은 위기가 해소될지는 회의적이다. 기후위기와 함께 다가온 코로나 상황이라는 만성적 비상사태를 배경으로 급진적 체제 변화를 요구하는 안드레아스 말름과 같은

주장이 설득력을 얻는 것이 자연스러운 상황이다.[*]

2022년 9월 24일 펼쳐진 서울의 기후정의행진에서도 "기후가 아니라 체제를 바꾸자", "기후위기의 원인은 자본주의", "화석연료를 땅에 그대로 두자", "이윤 대신 생명" 등의 구호가 전면에 등장했다. 결국 기후위기는 원인과 해법 모두에서 자원 소비와 경제적 활동 방식과 관련된 문제임을 확인하는 것이다. 하지만 이 변화 또는 변혁의 대상이 되는 '체제'의 실체와 변화의 방법이 되는 '전략', 그리고 변화의 결과로 만들 '미래상'에 대한 합의는 아직 미비하다.

홍덕화[**]는 "실제로 기후정의를 기치로 체제전환을 내걸더라도 개별 기업의 행태를 비판하는 데 머무는 경우가 많으며, 정의로운 전환이 곳곳에서 언급되지만 급진적인 전환으로 확장되는 일도 드물어 보인다. 이론적으로도, 자본의 축적 전략을 분석하고 운동 전략을 모색하는 데 아직까지 기후정의와 정의로운 전환이 적극적으로 쓰이는 것도 아니다."라고 지적한다.

그렇다면 이제는 '변화되어야 할 체제가 과연 무엇인가'라는

---

[*] 안드레아스 말름, 우석영, 장석준 역, 『코로나, 기후, 오래된 비상사태』, 마농지, 2021.
[**] 홍덕화, 「탄소중립인가 기후정의인가, 전환정치의 이정표 그리기」, 『전환의 질문, 질문의 전환』, 풀씨, 2021.

질문이 본격화되어야 할 것이다. 기후위기가 온실가스의 발생원과 기상학적 메커니즘을 기술공학적으로 관리하는 것으로 제대로 대응될 수 없다면, 이렇게 지구 환경과 인간 사이의 그리고 인간과 인간 사이의 관계의 파괴를 방치하거나 악화시키도록 만든 그 체제를 더 깊고 넓게 살펴보아야 하고, 이 체제를 바꿀 현실의 대안을 말해야 하기 때문이다.

기후위기 해법은 기술적으로는 매우 급격한 온실가스 감축과 관리를 필요로 하지만, 이는 기후위기의 원인 자체이기도 한 자본주의 시장 권력과 전 지구적 정치 체제를 다루어야 함을 여러 논자들이 지적하고 있다. 구도완은 "산업/자본/국가/인류 중심주의"로부터의 생태전환을 주장한다.[*] 조프 만(Geoff Mann)과 조엘 웨인라이트(Joel Wainwright)는 기후위기에 대응하는 이념형으로서 '기후 리바이어던', '기후 베히모스', '기후 마오', 그리고 '기후 X'라는 정치 체제의 이념형을 말한다.[**] 기후 리바이어던의 저자들과 유사한 조망을 제시하는 사이토 고헤이는 녹색 자본주의의 불가능성을 주장하며 적극적 대안으로서 '탈성장 코뮤니

---

[*] 구도완, 「한국에서 시민사회와 국가는 어떤 생태전환 정치를 해왔는가?」, 『전환의 질문, 질문의 전환』, 풀씨, 2021.

[**] Mann, Geoff and Joel Wainwright, Climate Leviathan: A Political Theory of Our Planetary Future, Verso, 2018.

즘'을 모색하고자 한다.* 하지만 그것의 정치적 주체와 구현 방식은 분명치 않다. 말름 역시 시장 기반 해법을 통렬히 비판하면서 속도와 규모를 담보하는 "생태적 레닌주의"를 호출한다. 그러나 말름은 아나키즘과 국가 권력 장악을 중시하는 공산주의 전통 사이의 낡은 대립에 기반하고 있으며, 그것이 전략적 사각지대를 만들고 있다. 말름에게 강력한 레닌주의적 의지가 있기는 하지만, 그것을 가능하게 할 계급 구성과 정치적 조직화에 대해서는 거의 말해주지 않는다.

최근 눈에 띄는 것은 세계 여러 곳의 기후정의 운동이 기후변화의 원인과 해법 모두에서 자원 소비와 경제적 활동 방식과 관련된 구조, 즉 자본주의와 그 한 축인 성장주의에 주목하면서 탈성장 이론과 운동에서 해답을 모색하고 있다는 것이다. 이제 기후위기 대응의 주요 원칙과 방향에서 '탈성장'의 전면화 또는 경제의 질서 있는 후퇴와 축소를 통한 관리된 탈성장을 배제하는 것은 가능하지도 않아 보인다. 생태적 붕괴, 멸종, 특히 '지구행성적 한계'의 개념과 이미지는 기후위기 극복을 위해 생산과 소비의 상당한 감소 또는 적극적 조절이 필요하다는 공감을 높이

---

* 사이토 고헤이, 김영현 역, 『지속불가능 자본주의』, 다다서재, 2021.

고 있다. '탈동조화'는 없다. 그렇다면 지속가능한 자본주의나 녹색성장도 없다! 다시, 그렇다면 GDP 향상을 유일한 지표로 하는 경제성장을 상대화하고 다른 질적 지표들을 주류화하자는 아이디어와 운동으로서 탈성장이 기후위기 대응 논의에 중요한 탈출구를 열어주는 개념이자 운동의 좋은 촉매가 될 수 있다. 그리고 탈성장을 전제로 공공 자원의 투자와 활용을 기획하는 프로그램은 민주적인 참여 계획의 실현 가능한 얼개를 제시한다. 유럽연합을 위한 그린뉴딜(GNDE) 그룹은 "성장 없는 그린뉴딜"(A Green New Deal without growth)을 분명하게 제안한다.

요컨대 탈성장은 지금의 자본주의 체제가 기후위기를 해결할 수 없다는 점을 분명히 할 뿐 아니라, '자본주의 아닌', 그리고 장기적이고 항상적인 기후위기 상황에서 우리가 함께 나누어야 할 사회의 형태와 방식을 구체적으로 알려주고 시작할 수 있게 해준다. 탈성장을 전제로 하여 (국가 수준의) 참여적 계획경제와 (개인과 집단/지역 수준의) 자립과 살림의 확대, 그리고 관계와 과정으로서의 연대와 민주주의 심화라는 수단들과 앞뒷면을 이루는 그림을 그려볼 수 있다.[*]

---

[*] 김현우, 「기후위기 대응과 탈성장 모듈 접근」, 생태적 지혜 웹사이트, 2021.

탈성장 전략의 제안과 라이트와의 대화

하지만 문제는 좋은 모든 것을 모아 놓은 것이 곧 탈성장 또는 탈성장의 운동 전략이 될 수는 없다는 것이다. 탈성장 운동에 의한, 위한, 탈성장 운동 내부에서의 전략과 관련된 질문이 부족했다는 점은 2018년 말뫼(Malmö, København 인근 도시)에서 열린 탈성장 회의에서 처음으로 분명해졌다. 탈성장 연구자들은 탈성장 커뮤니티의 지배적이고 암묵적인 전략 접근 방식, 즉 당시 저자들이 '전략적 비결정론'(strategic indeterminism)이라고 설명한 태도를 비판적으로 반성해야 한다고 주장했다. 이 논의를 심화하기 위해 웹사이트 degrowth.info는 탈성장과 전략에 대한 10부작 시리즈를 시작했고, 오늘날 비엔나 탈성장 그룹(Degrowth Vienna)으로 알려진 젊은 활동가와 학자들이 사회생태적 변혁을 위한 전략에 명시적으로 초점을 맞춘 첫 번째 탈성장 회의를 조직하기로 결정했다. 비엔나 탈성장 회의 조직팀은 코로나19 팬데믹 때문에 비교적 빠르게 온라인 형식으로 전환했고, 북반구와 남반구에서 4천 명이 넘는 참가자가 대화에 참여했다. 이 프로젝트를 통해 도출된 주요한 잠정적 결론과 제안들은 다음과 같다.* 우선 탈성장과 전략이 논쟁의 여지가 있는 개념이라는 점을 인정해야 한다는 것이다. 탈성장 사고에 전략을 무반성적으로 적용할 경우, 나머지 운동과 위계적 관계에 있는 전략에만 관련된 전위 그룹을 만들어서, 수평적인 형태의 거버넌스를 구축하려는 시도를 억제하고 잠재적으로 피드백과 창의성을 파괴할 수 있다. 이들은 전략을 한 명 또는 여러 행위자들이 원하는 최종 상태를 향해 체계적인 변화를 가져오려는 의도를 자세히 설명하는 사고 구성(thought construct)이며, 현상에 대한 분석을 바람직한 최종 상태의 비전으로 연결시키는 유연한 마음 지도(flexible mental map)로서 기능한다고 본다. 홀트하우스가 말한 상상훈련과 상통하는 개념이다. 또한 이들은 조직화 자체가 전략의 일부라는 점을 환기한다. 사회생태적 변혁은 다양한 지식과 실천을 통해 알려져야 하며 대부분은 스스로 탈성장 지지자가 아니며 잠재적으로 스스로 진보주의자도 아니라고 주장할지도 모르는 많은 사람들이 참여해야 하기 때문이다.

비엔나 탈성장 그룹은 미국의 사회학자 에릭 올린 라이트(Erik Olin Wright)와의 가상적 대화를 활용하여 변혁의 상과 방법에 대

---

* Barlow, Nathan et al, Degrowth and Strategy: how to bring about social-ecological transformation, Mayfly Books., 2022.

한 논의를 발전시킨다. 라이트는 자본주의를 '길들이기', '분쇄하기', '탈출하기', '잠식하기' 등의 경로를 제안하고, 단절적, 틈새적, 공생적 변혁 방식이 모두 가능하고 필요하다고 보았다. 라이트에게 이러한 변혁 방식은 각각 혁명적 사회주의자, 무정부주의자 및 사회민주주의적 전통과 밀접하게 연관되어 있다. 그는 게임의 은유를 사용하여 공생적 변혁을 게임의 규칙 변경에 연결하고, 틈새적 변혁을 게임의 특정 동작에 연결하고, 단절적 변혁을 게임 자체 변경에 연결한다. 이 아이디어를 탈성장과 연결시키면 현재 여러 수준과 방식으로 펼쳐지는 기후행동들이 전략적 캔버스 속에 배치된다.

[표] 탈성장을 위한 전략적 캔버스

전략적 논리 / 변혁의 모드	해악 줄이기	구조를 넘어서기
틈새적 변혁: 자본주의 사회의 주변부, 일반적으로 권력이 지배하는 공간 외부에 새로운 형태의 사회적 임파워먼트를 구축하는 것을 포함한다.	저항하기 예: 기후정의 시위	탈출하기 / 대안의 건설 예: 광범위한 정치적 개입 없이 생태마을 운영 / 타인과의 네트워크 구축
공생적 변혁: 궁극적으로 체제를 변혁하기 위해 기존의 제도적 형태를 변화시키고 현 체제 내에서 대중적 사회적 권력을 심화시키는 것을 목표로 한다.	길들이기 예: 국가 CO2 배출량에 대한 절대 상한선을 설정하는 정책	해체하기 예: 장기적으로 대기업을 협동조합으로 만드는 정책
단절적 변혁: 기존 제도 및 사회 구조와의 첨예한 대결 또는 단절을 추구한다(단기적이거나 특정한 장소에서 수행될 수 있음).	멈추기 예: 불복종 행동	타격하기 예: 노동자의 공장 점거

라이트의 변혁 유형 중에 틈새적 변혁은 운동으로서의 탈성장에 중요하며 그 기초로 볼 수 있다. 실제로 탈성장은 자본주의 및 성장 중심 시스템에 대한 저항에 관한 것이며 직접 민주적인 상향식 대안을 구축하는 것은 탈성장 정치의 핵심 원칙 중 하나다. 틈새 행위자들이 구현하는 대안은 경제의 주변부에 있으며 종종 확장 불가능에 처한다. 이러한 점에서 공생적 변혁이 중요해진다. 우리가 원하든 원하지 않든 이것은 대안을 위한 공간을 확장하고, 생태학적으로나 사회적으로 해로운 활동을 제한하며, 사회 제도를 형성하는 바로 그 시스템을 바꾸기 위해 탈성장 운동으로서 우리가 참여해야 하는 것이다.

단절적 변혁은 탈성장에서 일반적인 방식이 되기는 어려운 일시적이고 소규모의 사례들인 게 현실이다. 탄광 점거와 같은 불복종 행위는 다른 형태의 행동에 힘을 부여하고, 채굴 자본주의의 리듬을 교란함으로써 저항을 넘어선다. 단절이 발생하는 다양한 규모를 파악하고 세 가지 변혁 모드를 배타적으로 보지 않아야 한다. 이 전략적 캔버스 내에서 지형을 식별하고 나면 전략에 대해 더 깊이 생각하고 목표와 관련하여 자신의 행동을 자리매김하며 동맹을 만들 수 있다.

탈성장 전략과 쟁점

비엔나 그룹은 탈성장 전략 논의에서 몇 가지 이론적 쟁점을 제기한다. 하나는 탈성장은 전략인가, 목표인가, 또는 특정한 질인가 하는 문제다. 성장과 관련하여 전략이 사용되는 방식은 종종 다음 이해 중 하나를 반영한다. (i) 탈성장 자체가 전략이라는, 예를 들어 "생태사회주의가 지평선이고 탈성장이 길이다"와 같은 언명이다. (ii) 탈성장은 구체적 유토피아라는 목표, 커머닝(commoning; 커먼즈를 유지하는 사회적 실천 행위)이나 시민 불복종 등은 이를 이루는 전략으로 이해된다. (iii) 탈성장은 전략의 한 특질로 제시되며, '탈성장 전략으로서의 슬로우 시티 접근' 등과 같은 표현으로 등장한다. 탈성장 커뮤니티와 사회운동의 일반적인 주장은 탈성장 전략(목표로서의)이 탈성장 원칙을 따라야 한다는 것, 즉 탈성장 미래를 위한 탈성장 전략(ii와 iii의 결합)이라는 이해다.

탈성장이 그 자체로 사회적 운동인지, 운동에 대한 해석적 틀인지, 탈성장 스펙트럼에 대해 이야기하는 것이 더 적절한지 여부에 대한 질문은 여전히 토론거리이다. 이에 대해 비엔나 그룹은 현존하는 운동들의 의미를 충분히 고양하고 연결하는 것으로서 실용적 또는 실천적으로 해결하는 방식을 취하는 것으로 보인다. 탈성장은 여러 사회 운동과 생태 운동들이 사용하는 다양한 전략에서 배울 수 있다는 것이다. 탈세계화 또는 기후정의 운동에서 커먼즈, 부엔 비비르(Buen Vivir), 식량 주권, 비영리 협동조합과 같은 운동 및 대안에 이르기까지 많은 사례들이 탈성장 기획과 연결될 수 있는 것으로 언급된다. "대안의 모자이크 내 전략"을 취한다는 것이 탈성장 접근이지만 특히 돌봄 혁명, 자유 소프트웨어, 기본소득 또는 전환 도시, 이 네 가지 전략이 탈성장과 관련성이 높은 것으로 나타난다.

또 하나의 쟁점은 탈성장 전략에서 공백에 가깝거나 회피되었던 국가와 시민사회 관계를 어떻게 포함할 것인가 하는 것이다. 그람시를 빌자면, 국가-시민사회 관계를 중심으로 하는 탈성장 전략은 다양한 종류의 '유기적 지식인'에 대한 이론적 지식과 다양한 저항과 투쟁에 참여하는 하위 대안 그룹의 실천적 지식의 조합을 기반으로 구축되어야 한다.

국가-시민사회 관계에 관한 논의는 탈성장 전략에 대한 네 가지 전략적 함의가 있다. 첫째, 국가가 아닌 (특정 영역) 시민사회만을 대상으로 하는 탈성장 전략은 실패할 수밖에 없다. 둘째, 탈성장 운동의 중심 무대로 국가를 포함시키라는 요청은 국가 관료집단이 시민사회 운동을 포섭할 위험을 과소평가하는 것을 의미하지 않는다. 셋째, 이를 피하기 위해서는 국가 외부 운동과 내부 대표 운동의 연결이 약화되지 않고 시간이 지남에 따라 실제로 강화되는 것이 중요하다. 마지막으로 탈성장 운동의 사회적 기반을 넓히려면 활동가, 연구자, 시민 간의 토론의 장과 같은 대안적인 공간을 통해 생태사회 정책을 더 잘 발전시키는 것이 필요할 것이다.

여기서 살펴볼 마지막 쟁점은 '체제전환'의 유력한 대안 또는 기획으로서 탈성장과 생태사회주의의 관계에 대한 것이다. 이 쟁점에 관해서는 오래전부터 생태사회주의의 대표적 이론가였으며 점차 탈성장을 적극적으로 수용하고 있는 마이클 로이(Michael Löwy)의 제안을 참고할 만하다. 그는 최근 칼리스 등 탈성장 이론가들과 함께 작성한 테제를 『먼슬리 리뷰』에 '생태사회주의적 탈성장을 위하여'라는 제목으로 실었다. 그는 탈성장과 생태사회주의는 생태 스펙트럼의 급진적 측면에서 가장 중요한 두 가지 운동이자 제안이며, 두 조류 사이에 상호 존중과 수렴의 경향이 증가하고 있다고 말한다. 물론 탈성장 커뮤니티의 모든 사람이 사회주의자로 정의되는 것은 아니며 생태사회주의자라고 해서 모두 탈성장이 바람직하다고 확신하는 것은 아니지만, 그들 사이의 광범위한 동의 영역을 매핑하고 생태사회주의적 탈성장에 대한 주요 주장 중 일부를 제시할 수 있다는

것이다.[*]

테제의 주요 내용은 다음과 같다. (1) 자본주의는 성장 없이 존재할 수 없다. (2) 이 왜곡되고 파괴적인 동학에 대한 진정한 모든 대안은 급진적이어야 한다. (3) 생산과 소비의 상당한 감소는 생태학적으로 필수 불가결하다. 가장 유용한 활동조차도 지구의 한계를 존중해야 한다. (4) 소련이 실행한 생산주의적 사회주의는 막다른 길이다. 이는 기업이나 주류 녹색 정당들이 옹호하는 '녹색' 자본주의도 마찬가지다. (5) 북반구가 탈성장 과정에서 더 큰 부분을 맡아야 한다. 동시에 우리는 남반구가 북반구의 '발전'이라는 생산주의적이고 파괴적인 모델을 모방하려고 시도해야 한다고 생각하지 않는다. (6) 생태사회주의적 탈성장은 또한 민주적 숙의 과정을 통해 기존 소비 모델의 변형을 포함한다. 생태사회주의적 탈성장은 노동시간 단축을 지지하며 생산주의와 소비주의를 깨고 사회적, 정치적, 오락적, 예술적인, 재미나고 에로틱한 활동에 더 많은 자유 시간을 할애하는 새로운 문명을 알린다. (7) 생태사회주의적 탈성장은 화석 과두정치와 정치·경제적 권력을 통제하는 지배계급과의 대결을 통해서만

---

[*] Löwy, Michael, Bengi Akbulut, Sabrina Fernandes and Giorgos Kallis, 2022, "For an Ecosocialist Degrowth", Monthly Review, April, 2022.

쟁취할 수 있다. 이 투쟁의 주체는 누구인가? 우리는 또한 노동계급의 정의를 사회생태학적 재생산을 수행하는 사람들, 현재 사회생태적 운동의 최전선에 있는 세력, 즉 청년, 여성, 원주민, 농민을 포함하도록 확장해야 한다.

현재 한국의 기후정의 운동, 생명운동, 사회주의 운동들은 아마도 이 테제들의 대부분에 동의할 것이나, (3), (6), (7)의 테제와 관련해서는 이견과 논쟁 지점이 있을 것 같다. 이 부분부터 진지한 토론을 시작해도 좋을 것이다.

기후위기 앞에서 요청되는 체제전환을 현실 논의와 전략으로 구체화할 수 있는 논의와 자원들이 탈성장과 생태사회주의의 제안들 속에 유력하게 존재함을 확인할 수 있다. 하지만 여전히 주로 레닌주의 변혁 모델에 갇힌 한국 사회주의 이론/운동은 탈성장론과 생태사회주의의 결합 및 활용을 가로막고 있다.

탈성장과 생태사회주의의 개념과 제안은 '참여적 계획경제'를 통해 유용하게 결합될 수 있다. 체제전환의 현실태로서 한국에서 기후위기를 해결하는 구체적인 경제계획(거시적, 지역적, 부문적 수준의)을 작성하고 경합해야 한다. 온실가스 감축과 정의로운 전환의 핵심 수단으로서 국가 수준과 지역 수준의 계획경제 청사진을 만든다면 (급진화된) 그린뉴딜과 정의로운 전환의 뼈와

살이 될 것이다.

　기후위기를 해결하는 그리고 성장을 위한 성장을 넘어서는 체제와 사회는 먼 미래의(노동계급의 권력 장악 또는 국유화 이후의) 과제가 아니라 당장 여러 규모와 방식으로 현실화하는 운동이어야 한다. 또한 우리는 One(some) of 운동들, One(some) of 주체들이라는 인식이 필요하다. 완전히 새로운 운동이 아니라 기존의 운동들(생협부터 노동자 대안 생산까지 이르는)을 접속하고 의미 부여하고 재구성하는 깃발과 대안을 제시해야 한다.

　탈성장론과 운동에도 과제가 많다. 사회적 평등을 전략에 내재화하고 실천으로 풍부히 만들어야 하고, 국가-시민사회 관계의 재고를 현실 제안으로 구체화하고, 핵심 실천(변혁) 영역 사례를 통해 설득력을 높이고 운동들을 연결시켜야 할 것이다.

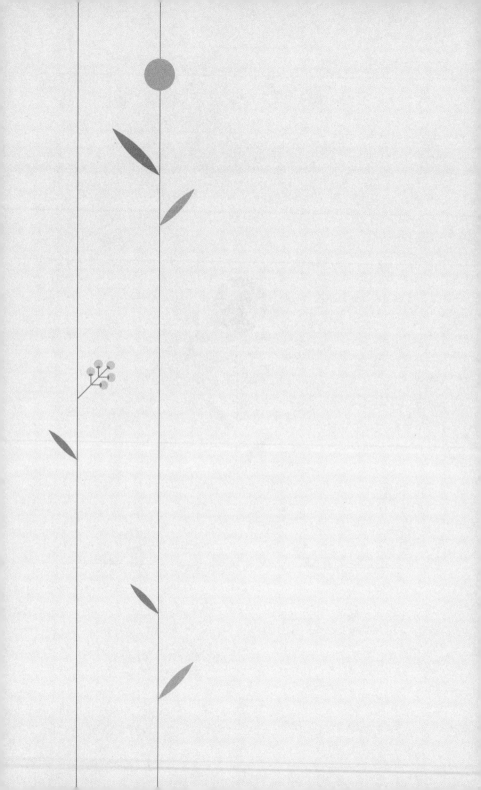

4부

탈성장과
영성

I.
탈성장의
예수*

김희룡

———

* 생태적지혜(2022.6.26 https://ecosophialab.com/).

독일의 신학자 본회퍼는 죄책감에서의 면책만을 제공하는 것은 "싸구려 은총"이고, 죄로부터의 근원적 해방을 선사하는 것은 "값진 은총"이며, 우리가 추구할 것은 "값진 은총"이라고 보았다. 임박한 기후위기와 재앙 앞에서 '싸구려 은총'은 '그린워싱'에 해당한다. 성장의 욕망에 면책을 줌으로써 성장 담론이라는 근원적인 죄와의 단절을 방해하기 때문이다. 누가복음이 전하는 "사복사화(四福四禍)의 설교"를 행한 예수는 탈성장 옹호자다. 성장 담론이 지배하는 세상에서 결코 환영받을 수 없는 가난하고 굶주린 자들을 복 있는 자들로 규정하기 때문이다.

싸구려 은총(Billige Gnade), 값진 은총(Teure Gnade)

독일이 전 세계를 전쟁의 화마 속으로 밀어 넣었을 때, 자신의 조국 독일의 패망을 위해 기도했던 사람. 더 나아가 자신의 불의한 조국 독일의 패망을 앞당기기 위해 히틀러를 암살하려 했던 사람. 그러나 암살에 실패하여 체포된 후 39세의 나이에 형장의 이슬이 된 사람. 신학자이며 그리스도인으로서, 같은 시대를 살아가는 모든 이들의 삶 속에 펼쳐지는 행과 불행의 역사에 대한 책임과 의무를 저버리지 못했던 사람. 마치 칼날 위에 선 사람처럼 오롯이 깬 정신으로 자신이 살아가는 시대의 징조를 읽고 시대의 죄악에 눌린 피조물의 탄식에 귀를 기울였던 사람. 디트리히 본회퍼(Dietrich Bonhoeffer, 1906~1945)는 자신의 책『나를 따르라』에서 "'싸구려 은총'은 교회의 철천지원수이며 오늘 우리의 투쟁은 값진 은총을 얻기 위한 싸움"이라고 말했다.

본회퍼가 말하는 '싸구려 은총'은 그리스도께서 모든 죄악을 담당하였으니 모든 그리스도인은 아무런 죄책감 없이 자신의 삶을 무한정 즐겨도 좋다는 뜻으로 이해되어 교회 안에서 통용되고 있는 '은총 개념'에 대한 비판이다.

그리스도의 은총이 '죄인'을 의롭다고 인정하시는 은총인 것에 반하여 '싸구려 은총'은 '죄'를 의롭다고 선언한다. 다시 말해 그리스도의 은총은 죄악된 삶으로부터 돌아선 인간에 대한 무한한 용서, 즉 회개한 죄인에게 무한히 열려 있는 새로운 삶의 가능성을 말하는데, '싸구려 은총'은 자기의 죄를 뉘우치지도 않고, 죄에서 벗어나기를 바라지도 않는 사람에게 오직 그의 죄책감을 가려줄 덮개를 제공할 뿐이다.

이러한 '싸구려 은총' 개념은 단지 그리스도인의 머릿속에서만 이해된 후 사라지는 덧없는 관념에 지나지 않는 것이 아니다. 개념은 그에 근거한 현실을 창조하는 능력을 가지고 있다. 마찬가지로 '싸구려 은총' 개념도 그에 근거한 삶의 방식을 창조한다. '싸구려 은총' 개념이 창조하는 현실, 곧 삶의 방식은 무엇인가? 그것은 그리스도를 원하지 않고 오직 그리스도의 은총만을 원하는 삶의 방식이다. 다시 말해 부활이란 이름의 새로운 미래를 열기 위해 모든 가난과 비탄과 배척의 절정인 십자가를 짊어지고 죽음에 이르기까지 현재와의 단절을 결행한 예수 그리스도를 뒤따르지 않고 오직 자신이 누리고 있는 삶의 연장을 위한 방편으로서만 그리스도를 원하는 것이다.

본회퍼는 회개 없이, 돌이킴 없이, 삶의 전환 없이 오직 사죄의 은총만을 원하는, 죄책감으로부터 면책만을 바라는 '싸구려 은총'을 원하는 것이야말로 진정한 차원에서의 배교이며 교회의 철천지원수라고 말한다. 그리하여 본회퍼는 '싸구려 은총'이 아닌 '값진 은총'을 추구하라고 촉구한다. 우리에게 진정 필요한 것은 죄책감에서 벗어나는 것이 아니라 죄에서 벗어나는 것이라고 말한다. 현재의 지속이 아닌 현재와의 단절이며 새로운 미래로의 전환을 추구하라고 말한다.

이를 위해 본회퍼가 지속해서 강조하는 것은 예수를 따르는

제자가 되라는 것이다. 본회퍼가 따르라고 말하는 예수는 누구
인가? 특별히 기후위기, 기후재앙의 시대를 살아가는 오늘 우리
가 따라야 할 예수는 누구인가?

사복사화(四福四禍) 선언

예수의 설교 중 가장 유명한 텍스트는 마태복음 5장의 '산상
수훈'이다. 산 위에서 설교했기 때문에 붙은 이름이다. '팔복(八
福) 선언'으로도 알려져 있다. 그리고 이 선언과 비슷한 종류의
텍스트가 또 하나 있는데, 그것은 누가복음 6장에 나오는 '평지
설교'다. 평지에서 설교했기 때문에 붙은 이름이다. 이는 '사복
사화(四福四禍) 선언'으로 알려졌는데, 복 있는 네 종류의 사람과
재앙을 받게 될 네 종류의 사람을 선언하고 있기 때문이다. 그
내용은 다음과 같다.

예수께서 눈을 들어 제자들을 보시고 말씀하셨다. "너희 가난한
사람들은 복이 있다. 하나님의 나라가 너희의 것이다.
너희 지금 굶주리는 사람들은 복이 있다. 너희가 배부르게 될
것이다. 너희 지금 슬피 우는 사람들은 복이 있다. 너희가 웃게
될 것이다.

사람들이 너희를 미워하고, 인자 때문에 너희를 배척하고, 욕하고, 너희의 이름을 악하다고 내칠 때에는, 너희는 복이 있다.

그날에 기뻐하고 뛰놀아라. 보아라, 하늘에서 받을 너희의 상이 크다. 그들의 조상들이 예언자들에게 이와 같이 행하였다.

그러나 너희, 부요한 사람들은 화가 있다. 너희가 너희의 위안을 받고 있기 때문이다.

너희, 지금 배부른 사람들은 화가 있다. 너희가 굶주리게 될 것이기 때문이다. 너희, 지금 웃는 사람들은 화가 있다. 너희가 슬퍼하며 울 것이기 때문이다. 모든 사람이 너희를 좋게 말할 때에, 너희는 화가 있다. 그들의 조상들이 거짓 예언자들에게 이와 같이 행하였다. (누가복음 6장 20~26)

평지설교, 곧 사복사화(四福四禍) 설교에서 예수는 가난과 굶주림을 긍정한다. 절대적인 가난과 굶주림은 반드시 극복되어야 한다. 결코, 긍정될 수 없다. 그러나 기후위기와 재앙을 임박한 현실로 느낄 만큼 악화한 현 상황에 대하여 지금 가난한 자들, 굶주리는 자들은 죄가 없다. 죄가 없을 뿐만 아니라 오히려 지금 부유하고 배부른 이들은 지금 가난하고 굶주린 이들에게 삶을 빚지고 있다.

지금 가난하고 굶주린 자들은 임박한 기후위기와 재앙에 죄가 없을 뿐만 아니라 오히려 지금 부유[富饒]하고 배부른 자들의 삶을 지탱해 주며 덕을 끼치고 있으니 복 있는 사람이라고 말하지 않을 수 없다.

가난과 굶주림은 부유함과 배부름을 추구하는 세상에서는 슬픈 일이며 배척받을 일이다. 그러나 예수는 슬픔과 배척받음을 긍정한다. 지금 부유한 자들이 스스로 자신이 곧 임박한 미래의 위기와 재앙을 예비하고 있는 자들임을 인식하고 스스로 가난을 선택하게 될 때가 올 것이고 지금 배부른 자들이 자기의 부른 배를 부끄러워하며 스스로 금식할 날이 올 것이기 때문이다.

그날이 오면 부유함과 배부름을 추구하던 자들은 어리석은 자로 판명될 것이며 지금 가난하고 굶주리는 자들은 지속가능한 삶의 전형을 제공해 주는 사람, 슬픔과 배척의 대상이 아닌 누구나 따라야 할 지혜로운 사람으로 판명될 것이니 복 있는 사람들이다.

예수는 욕먹을 때 복이 있고 칭찬받을 때 재앙이 있다고 말한다. 옛날 예언자들의 운명이 그와 같았다는 것이다. 진실은 언제나 거부되고 거짓은 언제나 환영받는 일은 역사 속에서 늘 반복되었다는 것이다. 그리하여 미래를 예측하고 미래에 적합한 삶의 방식으로 전환할 것을 선포했던 예언자들의 운명이었다고 말한다.

탈성장의 예수

　본회퍼는 죄책감으로부터의 해방을 제공하여 죄악 된 현재를 고수하도록 하는 것은 '싸구려 은총'이라고, 죄로부터의 해방을 선사하여 죄악 된 현재와 단절하도록 하는 것이 '값진 은총'이라고 말한다. 그리하여 생사를 건 교회의 싸움은 '싸구려 은총'을 버리고 '값진 은총'을 선택하는 것이라고 말한다. 그리고 그것이야말로 예수 그리스도께서 몸소 걸어가신 십자가와 부활의 길이라고 말한다.

　현재와의 단절(십자가)을 통해서 지속가능한 새로운 삶(부활)의 차원을 여는 것이 곧 본회퍼가 말하는 '값진 은총'이며 이러한 본회퍼의 은총론은 성장 일변도로만 설정된 현대인에게 과도한 소비 욕망과의 과감한 단절을 촉구하는 탈성장 담론에도 중요한 시사점을 준다고 말할 수 있다. 그리고 누가복음의 저자가 전하는, 사복사화(四福四禍)를 선포한 예수는 임박한 기후위기와 재앙의 시대를 사는 오늘, '탈성장의 예수'라고 부를 만하다. 성장 담론이 지배하는 세상에서는 결코 환영받을 수 없는 가난하고 굶주리는 자들을 복 있는 사람이라고 부르기 때문이다. 그리고 성장 담론이 지배하는 세상에서 추앙받는 부유하고 배부른 사람들이야말로 재앙을 불러들이는 사람이라고 말하기 때문이다.

II.
탈성장에 최적화된
인간 되어 보기*

이나경

* 생태적지혜(2022.3.11 https://ecosophialab.com/).

탈성장 여정에서 어떤 인간이 되어야 조금 더 적합(?)한 존재
가 될 수 있을까? 탈성장에 대한 배움은 짧지만 절체절명의 위
기에 놓인 지구와 그 안의 생명공동체를 떠올리며, 지구별 인간
으로서 함께했으면 하는 세 가지를 고민해 보았다.

마지막 나무가 사라진 후에야,

마지막 강이 더럽혀진 후에야

마지막 물고기가 다 잡힌 후에야,

그대들은 깨닫게 되리라

돈을 먹고 살 수 없다는 것을.

- 북미 마지막 선주민 크리족 추장

성장의 한계

12년 전쯤, 회사 생활을 할 때 갑작스럽게 갑상선에 이상이 온

적이 있다. 큰 병이 아니었음에도 빨리 알아차리지 못해 정상적인 생활이 어려울 정도가 되었다. 병이 깊어지고 나서야 일에만 빠져 살던 바쁜 일상이 멈추었고, 강제로라도 멈추게 되니 그제야 왜 아프게 되었을지 원인과 함께 삶의 태도와 방식도 돌아보게 되었다. 그리고서야 새삼 깨달았다. '나는 한계를 가진 존재'라는 것을. 나 자신을 돌보지 않고 착취한 대가는 생각보다 컸다. 회복하기까지 오랜 시간이 걸렸다.

자연 안에서의 성장은 생명의 순환을 통해 일어난다. 유기적인 관계를 통해 서로의 도움으로 생명이 유지되며 멈춤과 쉼을 통해 회복되어 가는 것이다. 그러나 한계를 모르는 성장을 향한 돌진은 착취할 대상이 존재할 때까지만 가능하다. 인간도 자연의 일부이니 개인의 여정을 지구 전체로 확대해도 마찬가지다. 성장 자체를 목적으로 했던 (주로 북반구의) 인류는 개발과 이윤에 중독되어 절제력을 잃었고, 인간을 포함한 지구상의 생명을 원자재와 상품으로 전락시켰다. 물질적 편리는 거저 이루어진 것이 아니었다. 성장과 번영의 이면에는 가난한 사람들과 자연에 대한 잔인한 착취와 왜곡된 소유의 관계가 있었다. 구조적 파괴와 폭력의 시스템은 소수 특권층의 배만 불렸고, 세계 상위 부유층 10%가 절반 이상의 이산화탄소를 배출하는 극심한 탄소 불평등을 만들어냈다. 지금의 불평등하고 부조리한 세계와 기후 붕괴 속에서 숨을 헐떡이며 죽어가고 있는 피폐한 지구가 바로 그 민낯이다.

탈성장?!

답답하게만 느껴지던 지금의 위기 속에서 탈성장 담론이 반갑게 다가왔다. 탈성장은 기후위기와 불평등의 원인이 된 끝없는 경제성장과 자본주의의 한계를 비판하며 다양한 모험과 실험들을 해 나가고 있다. 물론 여기에는 여러 시선과 이론들 그리고 비판의 목소리도 있지만, 지금도 다양한 모습으로 진화하고 있다. 탈성장은 기업의 이익, 과잉 생산과 소비 대신 돌봄의 재생산 경제를 중심으로* 회복탄력성이 높은 사회 환경을 만들고 공생공락의 의미 있는 삶을 살자는 근본적인 전환이다. 경쟁보다는 돌봄을, 소유보다 공유하는 커먼즈의 시스템을 구축하고, 연대와 자율성을 통해 지역적으로도 연결된 공동체를 만들어 가자는 것이다.

우연히 독일의 한 탈성장 연구그룹에서 탈성장을 소개하는

---

* 자코모 달리사, 페데리코 데마리아, 요르고스 칼리스 엮음, 『탈성장 개념어 사전』, 그물코 2018, 28쪽.

글*을 보았는데, 새롭게 느껴졌다. 영어로 'degrowth'라고 표현되는 탈성장은 프랑스어로 'la décroissance', 이탈리아어로는 'la decrescita'이다. 둘 다 라틴어에 기원을 두는데 여기에는 '대홍수 이후 정상적인 흐름으로 되돌아가는 강'(a river going back to its nomal flow after disastrous flood)이란 의미가 담겨 있다고 한다. 실제 지구는 대홍수와 같은 재난 상황이다. '본래 순환의 질서로 흐르는 강'으로 돌아가기(회복하기) 위해 우리는 한시라도 빨리 현실을 직시해야 한다. 홍수를 일으킨 성장 이데올로기에서 벗어나기 위해 경제, 사회, 정치 체제의 전반적인 변혁이 필요하다는 것을!

그렇다면 강으로 회복되는 이 여정에서 우리는 무엇을 할 수 있을까? 탈-성장(성장에서 해방되는)에 최적화된 인간이 되기 위하여, 함께 해보았으면 하는 것 세 가지를 고민해 보았다: 깨어남의 고통을 축하하기, 소중한 것을 지키기 위해 저항하기, 사랑하기.

* 출처: degrowth.info.

하나. 깨어남의 고통을 축하하기

"깨어난다는 것은 세상의 고통에 대하여 깨어나는 것이다.
지구가 위험에 처해 있고 수많은 생명이 위험에 처했다는 사실
에 대해 깨어나는 것이다." - 틱낫한

탈-성장에 최적화된 인간이 되기 위해 가장 먼저 할 일이 있
다면, 현실을 직시하고 성장주의의 허상에서 깨어나, 지금의 기
후위기를 만들어낸 풍요의 이면을 바라보는 것이다. 하지만 이
과정에서 지금까지 추구해 온 편안하고 익숙하고 열망하는 삶
의 방식을 잃을지 모른다는 두려움을 느낄 수 있다. 우리가 항
상 옳다고 믿어 왔던 것이 더 이상 말이 되지 않는 새로운 세계
로 들어가고 있다는 것을 깨닫게 되면, 이 문제가 우리의 의식을
자극하여 고통스러워질 수 있다. 각성은 다차원적이다. 그것은
단순히 특정한 문제의 현실과 심각성에 대한 지적이며 냉정한
확신의 영역이기도 하지만, 정서적, 문화적, 정치적 정화도 수
반된다. 이때 각성은 현 시스템이 체화(embodied)된 우리의 자아
를 인식하게 하는 계기를 제공할 수 있는데, 여기에서 실재적으
로 고통을 느끼거나 심리적, 신체적 반응(깨어남 증후군, waking up

syndrome)을 겪는다고도 한다.[*]

그래서인지 많은 사람들이 마음의 소리를 외면하고 부정하는 것을 선택한다. 하지만 고통은 우리의 몸과 마음에 어떤 문제가 생겼음을 알려주는 소중한 신호이다. 삶에서 고통이 늘 반가운 손님인 것은 아니지만, 그동안 빠져 있던 허위의식으로부터 깨어남의 고통이라면 진정 축하할 일이다! 우리가 세상의 진실에서 도망가지 않고 직시하기 시작했다는 것을 의미하므로. 진실만이 고통을 주기에 모든 진실은 고통스러울 수 있다.[**] 우리에겐 지금 이런 깨어남의 고통이 필요하다.

소비적 약탈문화에 중독되어 버린 자아가 무언가 위험을 감지하였다. 과도하게 넘쳐나는 세상에서 탈출을 시도하자는 신호를 보내고 있다. "지배자에 의해 규정된 삶"[***] 속에서 우리 자신은 어느새 주체로서의 자리를 잃었다. 그러나 깨어남의 고통은 모든 이를 위한 존엄 속에서 자기 결정적인 삶을 되찾는데 훌륭한 파수꾼이 되어줄 것이다. 고통을 피하고 외면하기만 한다면 불안은 더 커진다. 오히려 고통을 끌어안는 순간 고통은 잦

---

[*] Edwards, S. and Buzzell, L., 'The Waking Up Syndrome' in Buzzell,L and Chalquist, C (eds.), Ecotherapy. San Francisco: Sierra Club Books, 2010, pp. 102-109.
[**] 한병철, 『고통 없는 사회』, 김영사, 2021, 50쪽.
[***]앞의 『탈성장 개념어 사전』, 29쪽.

아들 것이다. 탈-성장에 최적화된 인간이 되기 위해서 깨어남의
고통을 함께 축하할 수 있었으면 한다.

지금은 가치를 회복해야 할 시간입니다.
상징적인 의미가 아니라 본래의 의미에서
진정으로 가치 있는 것으로 되돌아가야 할 시간입니다.
삶과 자연, 인간의 존엄, 일과 인간관계,
이 모든 것이 인간의 삶에서 중요해서 돈으로 매길 수도 없고
희생할 수도 없는 가치들입니다.
- 교종 프란치스코, 렛 어스 드림*

손가락이 아니라 손가락 끝이 가리키는 곳을 봐야 한다. 깨어
남의 고통은 우리 내면의 깊은 곳을 향하고 있다. 어쩌면 상처
입은 지구와 인간의 공격과 약탈로 영원히 사라져갈 운명에 내
몰린 수많은 생명들의 고통스런 울부짖음이 우리들을 초대하고
있는 것은 아닐까? 더 늦기 전에 진정한 가치를 회복하라고 말
이다. 이대로는 우리 모두 이 지구별에서 더 이상 살아갈 수 없

* 프란치스코 교황, 『렛 어스 드림』, 21세기북스, 2020, 129쪽.

다고…. 보이지 않는 가치와 신념들이 보이는 세상의 것들을 만들어냈다. 탈성장하기 위해서는 성장 뒤에 숨겨진 것들을 마주해야 한다. 이제는 그곳에서 들려오는 소리에 귀를 기울이고, 보이지 않는 것들을 깊이 성찰해야 한다.

그리고 성찰은 개인적 차원을 넘어 공동체적 차원으로 확장되어야 한다. 탈성장 담론이 지향하듯, 지속적인 대화와 서로 간의 격려 속에서 '지구의 모든 생명공동체들이 좋은 삶'을 위한 가치와 체제(보이지 않는 것과 보이는 것)를 함께 바꿀 수 있는 노력이 필요하다. 혼자서는 할 수 없는 일이다. 분명 이 과정에서 다시 생명을 얻게 된 보이지 않는 것들은 세상의 보이는 것들을 새롭게 만들어낼 것이다. 진정한 깨어남은 본래 우리가 지녔던 창조적 생명력이 피어나도록 인도할 것이다.

한 사람 한 사람의 깨어남은 또 다른 존재를 깨우는 큰 힘이다. 불편하고 피하고 싶은 고통스러운 과정일 수 있겠으나, "함께 느끼는 고통이야말로 혁명의 효소"*이다. 탈-성장에 최적화된 인간이 되기 위해 두려움에서 용기를 내어, 깨어남의 고통에 기꺼이 동참하고자 결심하신 분이 계시다면 존경의 마음을 담

* 앞의 『고통 없는 사회』, 24쪽.

아 축하의 인사를 전하고 싶다!

내면 깊은 곳에 자리 잡은 정체성과 관계를 바꾸려면 집합적인 성찰과 시간이, 그리고 용기가 필요하다.*

둘. 소중한 것을 지키기 위해 저항하기

우리는 알고 있지. 이 땅이 우리에게 속한 것이 아니라 우리가 이 땅의 일부라는 것을. 우리는 알고 있지 모든 것이 연결되어 있다는 것을. 이 땅에서 벌어지는 모든 일들은 이 땅의 모든 사람들에게 일어난다는 것을. 생명의 그물망은 우리가 짜는 것이 아닌, 우리는 그저 그 그물에 든 하나의 그물코일 뿐.**

과도하게 넘쳐나는 세계 속에서 미처 알아차리지 못할 때가 많지만 우리는 고립되고 독립된 존재가 아니다. 온 지구의 촘촘한 생명 그물망 속에 연결되어 다른 존재들에 기대어 함께 살아

---

* 요르고스 칼리스, 수전 폴슨, 자코모 달리사, 페데리코 데마리아, 『디그로쓰』, 신세계, 2021, 100쪽.
** 시애틀추장의 연설문 중(1854년)

가고 있다. 그러나 더 많이 생산하고 더 많이 소비하는 것만이 삶의 목적이라고 부추기는 성장 강박과 소비 중독은 우리의 욕구와 순간의 쾌락만을 자극한다. 주변의 존재들, 소소한 아름다움 그리고 삶의 진정한 의미를 보지 못하게 한다. 무상의 선물로 가득 찬 세상을 발견하지 못하게 한다. 끊임없이 공허한 허기를 채우기 위해 불필요한 것들을 소비하게 만들어야 세상이 돌아갈 수 있으니까. 매순간, 소중한 것들이 허공에 흩어져 간다.

탈-성장에 최적화된 인간이 되기 위하여, 우리와 함께 긴밀한 관계를 맺고 살아가는 이 땅의 수많은 존재들과 연결된 생명의 그물코를 몸과 마음으로 느껴야 한다. 다양한 생명의 온갖 빛, 색깔과 향기를 맛보면 어떨까? 지구의 생명들은 내 존재 밖에 있는 객체들이 아니다. 우리와 함께 성장해 나가는 주체이자 동반자이다. 나의 숨이며 나의 몸이다. 지구가 태어난 46억 년 전 그때부터 돌과 흙을 포함한 크고 작은 생명들은 다양한 방식으로 공진화(供進化)했다. 이와 더불어 인류도 사회, 문화적 여러 체제와 다른 이들의 돌봄에 의해 생존해 왔다. 인간이 생명의 그물망에서 스스로 최상위 포식자가 되어 착취하고 폭력을 행사하던 동안에도, 지구의 생명들은 하나의 유기적 공동체로서의 상호의존적인 관계를 유지해 왔던 것이다.

서로가 서로의 현존을 체득할 때, 생명의 순환 속에 자리한 진짜 우리 자신을 발견할 수 있다. 그러기 위해서는 조금 느리게 오래도록 자세히 바라보는 것이 필요하다. 우리가 존재하는 모든 것과 친밀한 일치를 느낄 수 있다면 벅찬 경이로움과 깊은 고마움을 만날 것이다. 생명은 절대 누군가(무언가)의 성장을 위한 자원이 될 수 없는 귀한 선물이다. 쉽게 소비될 수 없는 본래의 가치와 의미를 지니고 있다.

그런 의미에서 "적을수록 풍요로운"(less is more) 탈성장으로의 삶을 만들어 가자는 다짐에 살아 있는 모든 존재에 대한 경외와 존중을 담았으면 한다. 소중한 실재들을 그저 소비하지 않기 위해 삶의 양식을 근본적으로 변화시키겠다는 확고한 저항이다. 자신을 비우고 절제함을 배우며 자신 안에 한계를 짓는 일은 그저 낭만적이거나 금욕적인 선택이 아니다. 공존을 위한 절제이자 자발적인 가난이다. 내가 좀 더 나일 수 있도록 지탱해 주는 수많은 생명들, 그리고 나에게 기대어 있는 살아가는 존재를 단순히 소유하고 지배하지 않겠다고 단호하게 결심하는 것이다. 고귀한 결심들이 십시일반으로 구조적인 체질 개선을 해 나가는 것이다. 생명의 그물망 속, 거대한 공동체의 일원이라는 분명한 인식과 책임에는 어느 누구도 예외가 될 수 없다. 나와 다른 이, 인간과 비인간 존재 모두를 위해 소중한 관계들을 지켜 가겠다는 결단은 신성한 저항의 시작이다.

셋. 사랑하기

산업사회에서 낭만적이거나 사적인 경우를 제외하고는 사랑에 대한 이야기를 하는 것이 허용되지 않는다. 사람들은 남들에게 형제자매를 사랑하고 인류를 사랑하고 자연과 우리를 먹여 살리는 지구를 사랑하라고 호소하는 사람을 진지하게 받아들이기보다는 오히려 조롱하기 일쑤다. (중략) 개인주의와 근시안적 사고는 우리가 보기에는 오늘날 사회 체계의 가장 큰 문제이며 지속 불가능성의 가장 뿌리 깊은 원인이다. 그 문제를 집단적으로 해결하기 위한 대안으로 사랑과 동정을 제도화 하는 것은 매우 좋은 방법이다.[*]

예전에 『성장의 한계』를 읽으면서 책 전반에 거론되는 무거운 현실과 절망적인 전망에 압도되어, 뒤쪽엔 어떤 근사한 해결책이 제시되길 기대하며 책을 보았던 기억이 난다. 그런데 책이 거의 끝나갈 무렵에 저자들이 본인들은 그런 말을 쓰는 영역의 사람들이 아니라는 설명과 함께, 주저하며 "비과학적 용어"들로

---

[*] 도넬라 H.메도즈, 데니스 L.메도즈, 요르겐 랜더스, 『성장의 한계』, 갈라파고스, 2011, 426쪽.

이루어진 다섯 가지 대안적 도구들을 제시했다. 바로 '꿈꾸기, 네트워크 만들기, 진실 말하기, 배우기, 사랑하기'이다. 처음엔 나도 '이런 연약한 도구들로 과연 성장주의를 막을 수 있단 말인가?!' 하는 의문이 들었다. 특히 마지막 항인 '사랑하기'가 거기에 등장할 것이라고는 생각하지 못했다. 하지만 '사랑하기'가 약해 보이는 도구이긴 해도 또 그만큼 놀라운 힘을 가진 것도 없다는 것을 우리는 어느 정도 알고 있을 것이다. 탈-성장에 최적화된 인간이 되기 위해서 '사랑하기'는 정말 중요하다.

탈성장 담론을 접한 후『성장의 한계』저자들이 얘기했던 "사랑과 동정(연민, 자비로도 이야기할 수 있다)의 제도화"를 유심히 바라보게 되었다. 인류학자 마가렛 미드(Margaret Mead)의 이야기가 떠올랐다. 누군가 그녀에게 문명의 시작이라고 생각하는 것이 무엇이냐고 물었다. 질문을 한 사람은 낚싯바늘이나 토기, 간석기 등을 예상했다. 하지만 그녀는 "부러졌다가 붙은 흔적이 있는 대퇴골"이라고 대답했다. 미드는 이렇게 말했다; "만약 당신이 다리가 부러졌다면 위험으로부터 달아날 수도 없고 물을 마시러 강에 가거나 사냥을 할 수도 없어요. 하지만 부러졌다 붙은 흔적이 있는 다리뼈는 누군가 그 사람이 치유될 때까지 돌보아주었음을 나타내요. 이 연민의 증거(evidence of compassion)

가 문명의 시작입니다."[*]

  어느 때보다 초연결된 세계이지만 심화되는 개인주의와 파편화로 타인에 대한 무관심이 더 커져 가는 지금, 연민과 사랑을 말한다는 것이 비현실적으로 들릴 수도 있다. 그러나 인류가 지금까지 생존해 올 수 있었던 것은 사랑, 연민, 공감, 연대, 협력과 같이, 겉으로는 연약해 보이는 것들의 힘이 컸다. 약하거나 병든 자들을 외면하지 않고, 서로를 돌보고 고통을 함께 겪어내며(연민: com함께+passion고통을 겪다) 살아가는 방법이 오히려 모두를 살리는 방법임을 인류의 조상들은 일찍이 깨달았던 것이다. 민중적 전통에서도 내 눈앞의 이웃은 물론이거니와 이방인과 같은 낯선 타자를 환영했던 공동체의 삶의 방식인 상호부조와 환대가 있었다. 김종철(1947~2020) 선생이 말한 풀뿌리 민중자치의 핵심이기도 한 상호부조와 환대의 윤리는 자타(自他)의 경계를 허물어 하나가 되는 것으로, 공감능력에 기반한 타자에 대한 감정이입이며 결속감을 의미한다.^{**} 이는 우리 안에 이미 심어져 있는, 탈성장 과정에서 꼭 기억해야 할 '사랑하기'의 강력한 유전자이다. 나 혼자만 이 세상에 살아간다는 것은 불가능

---

* https://interfaithsheltersf.org/remembering-the-cave-man-calling-on-compassion/
** 『녹색평론』 176호, 131쪽.

하다. 우리는 긴밀한 돌봄으로 서로에게 빚지고 있다. 그러기에 '사랑하기'는 개인 간의 사적인 차원에만 머물 수는 없다.

서로를 돌보는 몸짓으로 넘치는 사랑은 또한 사회적, 정치적 사랑이 되며, 더 나은 세상을 건설하고자 하는 모든 행동으로 드러납니다.

사회에 대한 사랑과 공동선에 대한 투신은 개인들 간의 관계뿐만 아니라 사회, 경제, 정치 차원의 거시적 관계에도 영향을 주는 애덕의 탁월한 표현입니다.

(중략) 사회적 사랑은 참다운 진보를 위한 열쇠입니다.

더욱 인간답고 더욱 인간에 걸맞은 사회를 만들려면 사회생활-정치, 경제, 문화-에서 사랑에 새로운 가치를 부여해야 하며 사랑이 지속적으로 모든 활동의 최고 규범이 되어야 합니다.

- 프란치스코 교종, 회칙『찬미받으소서』231항

지금 우리에게 필요한 것은 상호 호혜적 친교와 평등의 연대를 통해 서로를 돌보는 사회적이고 정치적인 사랑이다. "사회적 사랑은 현대세계의 문제들에 새롭게 접근하는 방식을 가르쳐 줄 수 있고 사회 구조들과 사회조직, 법적 체계들을 내부로부

탈성장을 상상하라

터 쇄신할 수 있는 힘이다."* 지금 탈성장이 꿈꾸고 있는 세상도 이런 "사랑과 연민의 제도"가 펼쳐진 곳이라고 생각된다. "탈성장의 최종 목표는 노동 존엄성의 회복, 이기성을 덜 자극하는 경쟁, 더 평등한 관계, 개인의 성취로 순위가 매겨지지 않은 정체성, 연대감 넘치는 지역사회, 인간적인 삶의 리듬, 자연에 대한 존중이다."**

우리 삶의 신비로운 현상 중에 하나는 사랑하면 닮아간다는 것이다. 무엇을 사랑하는가에 따라 우리 삶의 목적과 방향은 무척 달라진다. 여러분께 묻고 싶다. "당신은 삶에서 무엇을 사랑하십니까?" 또는 "무엇을 사랑하고 싶으십니까?", "어떤 사랑을 하고 계신지요?" 우리는 사랑함으로써 사랑하는 것들을 지킬 수 있고, 사랑하기 때문에 생명을 위한 투쟁을 포기하지 않는다.

탈-성장에 최적화된 인간이 되려면 어떻게 해야 할까 고민을 하면서도 급박한 위기의 순간에 진부하고 이상적인 이야기를 하고 있는 것은 아닐까 하는 우려도 있었다. 하지만 보이는 것을 만들어낸 것은 결국 보이지 않는 것들이기에, 보이지 않는 것들을 보고 지키려는 노력도 포기해서는 안 될 것이란 생각이 들었다.

---

* 교황 프란치스코, 회칙 『모든 형제들에게』, 한국천주교주교회의, 2020, 129쪽. '183항.'
** 앞의 『디그로쓰』, 157쪽.

경제성장과 기후위기가 양립할 수 없다는 현실을 우리는 분명히 알고 있다. 기후위기에 어떻게 대응할 것인지? 탈성장 하려면 무엇을 해야 하는지? 그리고 모두에게 좋은 삶이란 무엇인지? 누구든지 원하는 삶과 세상에 대해서 이야기하고 새로운 시도를 할 수 있는 열린 장(場)을 만들어 가야 한다. 또한 새로운 사회로의 창조적인 상상력이 어느 때보다 필요하다. 성장과 발전에 대한 허상을 부수고, 그것이 가능하겠냐는 냉소와 실패에 대한 두려움을 넘어 서로를 지지하며 함께 꿈을 실행해 나가야 한다. 우리에겐 행동의 시간이 많이 남아있지 않다!

"꿈을 꾸게 하는, 우리 삶을 멋진 모험이 되게 하는 아름다운 비결이 여기 있습니다. 아무도 혼자서는 삶에 대처할 수 없습니다. … 우리를 지탱하고 도와줄 공동체가 필요합니다. 공동체 안에서 우리는 앞을 바라보도록 서로 도움을 줍니다. 함께 꿈꾼다는 것이 얼마나 중요합니까? … 혼자서는 존재하지 않는 것들, 곧 신기루만 볼 위험이 있습니다. 꿈은 함께 꾸는 것입니다."

- 프란치스코 교종, 『모든 형제들에게』 8항[*]

III.
사랑과 평화의
데팡스*

오민우

* 생태적지혜(2020.9.25 https://ecosophialab.com/).

내핍으로 세상을 구할 수 있을까? 자본의 속도에 동조된 소비를 재정의해서 탈성장 이론으로서의 데팡스를 구축해 기후위기 시대의 새로운 소비양식으로 대안을 찾아보자.

'기후위기의 시대'. 문명이 계속 남아 지금의 시대를 부른다면 이 이름 말고 다른 이름으로 부를 수 있을까? 훗날이야 알 수 없지만 많은 과학자와 지구인들은 기후위기의 문제를 걱정하고 문명의 위기를 돌파하기 위해 소비를 줄이자고 말하고 있다. 플라스틱의 소비를 줄이고 육식의 소비를 줄이고 에너지를 줄이자고 말하고 있다. 지구가 버텨내기 힘든 과잉 에너지-물질의 소비가 더 과잉된 에너지-물질 생산을 부르고 있다. 아니 그 반대이려나? 그것을 답할 수 없지만 꼬리를 문 생산과 소비는 서로를 증폭시키며 지구라는 한정된 공간은 지금과 같은 형태로 존재할 수 없으리라 예측되고 있다.

소비를 줄이자는 이야기는 하나의 정신운동으로 발전하여 미니멀리즘이라는 고유명사까지 얻게 되었으나 아직까지 시대정신으로 자리 잡지 못하고 있다. 기후위기가 본격적으로 가시화되는 속도에 비해 사회와 개인의 각성은 늦고 국가와 국제기구의 체계적 대응은 언제나 더 늦어지고 미뤄지고 있다. 그 사이 과학자들이 상정한 불가역적인 마지노선은 이미 뚫렸다고 말한다. 생산은 국가와 자본의 영역으로 개인이 통제할 수 있는 영역이 아니기에 사람들은 쉽게 개인의 행동에서 소비를 줄이는 실천 대응을 말하곤 한다. 그것이 자본과 국가의 영역에 목소리를 높일 압력을 줄여 나가기에 자본에 포섭된 것이라고 이야기하지만, 자본과 국가의 생산에 대한 직접적 개입이 불가능한 개인들의 선택은 그 자체가 하나의 액션이자 저항으로 존재하는 것이라, 양심의 영역이자 신념의 영역이라 쉽게 재단할 수는 없을 것이다. 하지만 내핍과 절제가 세상을 구할 수 있을까? 왜 이들의 목소리가 쉽게 사람들에게 설득되지 않고 사람들은 자본이 제공하는 소비의 유혹에, 소비가 만들어내는 자본주의 기계에 쉽게 포섭되는지, 그것이 단지 대중매체의 세뇌에 의한 것일 뿐인지 답을 찾아볼 수는 없을까?

대중이 소비에 중독되는 이유는 무엇일까?

아직 기후위기 개념이 일반화되기 이전 20세기 초에 소비 개념을 통해 세계를 바라본 바타유(Georges Bataille, 1897~1962)의 '데팡스' 개념을 오늘의 시각에서 새롭게 해석해 봄으로써 기후위기 시대의 개인이 강요된 선택이 아닌 적극적 행동으로 실행할 수 있는 방향의 이정표를 찾아보려고 한다.

우리가 바타유의 소비를 중심으로 한 일반경제 이론에 주목하는 것은 성장을 목표로 하는 생산의 경제학의 대척점에 서 있는 이론이기 때문이다. 물론 기후위기가 일반화된 이후로 우리는 많은 탈성장이론의 가능성을 탐구하고 있지만, 위기에 몰린 상태에서 당위적인 외침보다 차분히 탈성장의 가능성을 탐구할 수 있는 시대의 이론을 탐구해 보고 싶기 때문이다. 때로는 위기에 대한 의식이 절망적인 소비를 부추기고 대안의 에너지를 감쇠시키기도 하기 때문이다.

물론 바타유의 시대가 차분한 시대라고는 말할 수 없다. 두 차례의 세계대전을 관통한 그의 시대는 그 이전의 어느 때보다 암울한 비극의 시대였다. 하지만 자본주의나 사회주의 모두 경제성장의 가능성을 의심하지 않았고, 성장을 통제하는 권력을 누가 쥐느냐에 따라 세계의 비극을 막을 수 있다고 생각했다. 하지만 바타유는 '성장의 시대'에 이미 성장의 한계가 파국으로 나타날 것이라고 전망하며, 생산이 아니라 소비의 개념을 가지고 일반 경제를 분석한다. 또한 소비를 두 종류의 소비로 나누면서 '데팡스'에 주목한다.

바타유는 인간의 소비를 두 가지로 구분한다. 하나는 '생산적 소비'로서 개인이 생명을 보존하고 생산 활동을 유지하는 데 필요한 소비를 뜻한다. 쉽게 말해, 먹어야 숨도 쉬고 일도 할 수 있을 것 아닌가. 다른 하나는 '비생산적 소비'로서 생명 보존과 재생산이 아니라 소비 그 자체를 목적으로 삼는 소비이다. 바타유는 대개 생산적 소비의 개념에는 '콩소마시옹'(consommation)이라는 용어를 부여했고, 비생산적 소비의 개념에는 '데팡스'(dépense)라는 용어를 부여했다.[*]

넓은 의미에서 데팡스는 물리적, 정신적 한계 때문에 이용할 수 없는 에너지이고 시스템 내로 배분되거나 자연에 흩어져야 하는 에너지-물질이다. 존재하지만 이용할 수 없는 형태로 변환되어야 하는 에너지 물질이다. 그러나 사회의 시스템은 데팡스를 합산될 수 있고 이용되는 에너지로 재정의한다. 이는 실제 사회에서 '비생산적 소비' 영역이 잉여소비, 3차 서비스 산업의 영역 등으로, 현대 사회에서는 오히려 경제의 주요 영역으로 자리를 잡게 된다. 바타유의 이론에서도 고대 사회로부터의 데팡스가 무의미하지 않고 오히려 사회의 기본 방향을 결정짓는 행위로 파악하고 있다. 무의미해 보이는 소비가 합산되고 이용되

---

[*] 바타이유, 유기환 옮김, 『조르쥬 바타이유-저주의 몫 · 에로티즘』, 문학동네, 2006, 58쪽.

어 더 큰 사회 발전의 원동력이자 생산의 목표로서 정의되는 것이다. 여기서 우리는 지구 에너지의 순환을 열역학적인 관점에서 바라보길 제안한다. 바타유 또한 에너지를 모든 경제 활동의 원천으로 보았다. 개별적 개체가 항상 자원 고갈의 위험 그리고 소멸의 위험에 직면하는 반면, 일반적 실존 즉 지구 생명체 전체에게 자원은 항상 넘쳐난다. 개체의 관점에서 문제는 자원의 부족이지만, 전체의 관점에서 문제는 잉여이다.[*]

비생산적 소비가 현대 경제의 주요 영역

그렇다면 왜 지구에는 항상 잉여, 즉 과잉 에너지가 발생할까? 그것은 일체의 '성장'의 근원인 태양빛이 대가 없이 주어지기 때문이다. 태양은 우리에게 아무것도 요구하지 않는다. 태양은 우리에게 엄청난 에너지를 끊임없이, 그것도 공짜로 준다. 생명체는 그 넘치는 에너지의 일부를 포획하여 자기 것으로 만든다. 그런데 모든 생명체는 생명을 유지하는 데 필요한 에너지보다 더 많은 에너지를 받아들이며, 에너지의 초과분을 체계, 예

---

[*] 『저주의 몫』(Georges Bataille, 조한경 옮김, 문학동네, 2000), 80쪽.

컨대 신체의 성장에 쓴다. 문제는 성장의 한계에 다다랐을 때이다. 그때부터 초과 에너지는 반드시 대가 없이 상실되고 소모되지 않으면 안 된다. 그렇지 않을 경우, 생명체는 비극을 맞는다.*

지구 전체의 에너지 순환은 열역학 제1법칙인 에너지 보존의 법칙과 연관이 된다. 기본적으로 지구는 태양에너지를 받아들이는 만큼 지구복사를 통해 에너지를 내보내며 에너지 평형상태를 이루고 있는 안정된 시스템이다. 그러나 지구 대기의 변화가 복사에너지의 방출 효과에 영향을 주어 지구의 에너지 평형을 무너뜨리고 온실효과를 일으켜 지구의 기후위기를 초래하는 것이다. 그래서 우리는 이산화탄소 배출의 조절, 잠자고 있는 형태의 태양에너지인 화석연료의 사용 억제를 해결책으로 모색하고 있다. 그런데 개체와 시스템의 에너지 사용에 작용하는 또 한 가지의 열역학 법칙이 있는데 이것을 열역학 제2법칙이라 하고, 이는 또 다시 두 가지의 형태로 해석될 수 있다. 일반적으로 에너지는 비가역적으로 엔트로피가 증가하는 방향으로 흘러가기 때문에 시스템에 유입된 에너지는 점차 이용 불가능한 형태의 평형상태를 향해 간다는 것이다. 이것을 에너지 사용 측면에

* 앞의 『조르쥬 바타이유-저주의 몫 · 에로티즘』 53쪽.

서 본다면 열 에너지는 전부 일로 환원될 수 없다는 것으로도 해석이 되는데, 기관의 에너지 효율이 절대로 100%가 될 수 없다는 것이다. 지구에 유입된 태양에너지를 우리가 이용할 수 있는 에너지로 바꾸는 식물의 광합성이나 태양전지판도 결코 효율이 100%가 될 수 없으며, 이렇게 생산된 2차 에너지 또한 개체와 시스템에 사용될 때 결코 100%가 이용될 수 없는 것이다.

개체는 데팡스를 통해 에너지와 물질을 완전한 평형 상태까지 소비하고 배분하며 자연으로 배출한다. 그 과정에서 개체와 시스템은 평형상태 속에서 보존된다. 자본주의 사회에서는 그 에너지를 또 하나의 에너지원으로 삼아 시스템의 발전 동력으로 삼는다. 자본의 축적을 위해 개인적인 데팡스의 영역을 통제하고 변형시키며 자신의 발전 속도에 개인의 데팡스를 동조화한다. 사치, 종교 예식, 기념물 건조, 전쟁, 축제, 스포츠, 장례, 예술, 도박, 섹스는 모두 상품화되었고, 더 이상 고대의 양식으로 작동하지 않게 되었다. 요는 흩어짐으로 사회의 평형을 유지하던 데팡스가 사회적으로 합산되면 거대한 에너지 자원이 되고 그 상징이 거대한 이데올로기와 산업으로 정의되고 그것이 데팡스의 성질 자체를 바꾸어 버린 것이다.

흩어지는 에너지가 이용 가능한 형태가 된다면 소비하는 기관은 어느덧 발전기가 된다. 물론 에너지의 효율적 사용과 재활용으로 에너지를 아끼는 것은 일반적으로는 다행스러운 일이다. 하지만 "제본스의 역설"은 역설이 아니라 계획된 것이다. 에너지와 물질의 소진 자체에 집중하지 않는 이상 자본의 순환주기에 맞추어진 에너지의 소비는 불완전 연소를 촉진하며 더 많은 에너지의 사용과 쓰레기를 발생시키는 것이다. (쓰레기는 불완전 연소된 에너지의 결정이다) 데팡스는 더 이상 잉여의 소진을 목적으로 하지 않고 잉여의 생산을 촉진한다. 소비가 생산을 압도하며 초과속의 과잉생산을 이끄는 현상이 일어난 것이다.

소비중독 사회를 이해하는 방법: 자본에 동조된 데팡스

고대 사회의 데팡스는 사회의 잉여에너지를 나눔과 베풂으로 재분배하고, 사회의 폭발적인 성장의 속도를 조절함으로써 시스템의 공멸을 막으며, 개인에게도 행복과 평화를 주는 시스템이었다. 그러나 그 에너지의 합산이 과도해지며 시스템은 개인을 도구화하고 시스템에 복속시킴으로 데팡스로서의 소비는 개인에게 더 이상 평화와 행복을 주지 못하게 되었으며, 데팡스의 시스템 보호 기능도 소멸하게 되었다.

문제는 데팡스 그 자체가 아니라 데팡스를 포획하는 플랫폼이다. 느리지만 완전한 연소가 아니라 자본의 순환에 맞춘 빠른 불완전 연소를 통해 계속 쓰레기를 만들지만, 데팡스의 에너지를 자본의 재생산에 이용 가능한 형태로 포획하는 것이다. 느린 완벽함이 아닌 대량생산 소비의 불완전 연소는 개인에게 끊임없이 미끄러지며 갈증을 유발하며 에너지를 포획한다. 만족을 모르는 절제, 우리는 결코 완전히 절제할 수 없다. 이제 사람들은 본래 원했던 욕망을 자본의 상품이 주는 쾌락으로 해소해야 한다.

재생산을 멈춘 소비이자 소멸: 데팡스의 복원

자본주의 사회는 데팡스를 모두 콩소마시옹의 일부로 편입했으며, 이에 따라 소비의 에너지는 기하급수적으로 과도해지며 생산을 초가속하여 결국 바타이유가 걱정하던 파국은 기후위기의 형태로 전지구적 차원으로 도래했다. 바타이유는 또 한 번의 세계대전을 문명의 파국으로 보았고 그걸 막기 위해 데팡스에 주목했지만, 오늘날 인류가 직면한 지구의 위기에서 세계대전은 그 위기의 한 요소에 불과해 보인다.

우리가 여가를 즐기는 산업은 왜 우리에게 진정한 행복과 평온을 가져다주지 않을까? 그것은 개인에게 주어진, 시간이라는 또 다른 자원 소비의 불완전 연소와 관련되진 않을까? 고대의 데팡스는 시간을 자원으로 측정하지 않았다. 과잉의 에너지를 완벽하게 소멸시키는 것에 집중했다. 우리가 더 이상 이용 불가능한 형태로 쓰레기와 남는 에너지 없이 완벽하게 소멸시키는 과정을 통해 우리는 개인과 시스템의 평화와 행복을 얻어냈다. 하지만 자본의 순환 속도에 시간의 사용을 점령당한 후에 우리는 본래 얻어야 했던 평화와 행복을 쾌락 상품으로 소비하고 있다. 그렇게 얻어진 쾌락의 총량이 많아졌다고 해도 우리의 평화와 행복을 얻음으로써 함께 소모해 버린 공허함과 슬픔은 사라지지 않는다. 쾌락의 총량이 늘어갈수록 공허함과 슬픔은 무의식의 영역으로 숨어들며, 개인과 시스템을 병들게 하고 파괴로 몰고 간다. 그럼에도 불구하고 데팡스는 완전히 사라지지 않는다.

데팡스는 존재의 필요조건이다. 일정 정도의 형태의 비어 있음은 언제나 필요하다. 생산에 관여되지 않고, 사회적으로 합산되지 않고, 오로지 평화의 형태로 존재하는 데팡스가 필요하다. 있음 속에서 존재하는 없음. 명상과 발산의 시간. 데팡스는 재생산을 염두에 두지 않는 완벽한 소비이자 소멸이다. 그 목적은 행복의 극대화, 만족의 극대화에 있다. 시간이나 비용 효율성은 중요한 문제가 아니다. 느리고 완벽한 휴식은 추가의 휴식을 필요로 하지 않으며, 더 큰 에너지를 필요로 하지 않는다. 남는 에너지를 완벽하게 소멸시키는 것. 데팡스는 자본주의의 속도와는 다른 속도계를 지니고 있다.

데팡스의 욕망은 밖으로부터 오는 것이 아니고 존재하지 않는 것을 끌어오는 것이 아니다. 오히려 존재하는 물질과 에너지를 쓰레기 제로로 만드는 완벽한 사용이다. 물질과 에너지가 남지 않을 때까지 소진하고 분해한다. 오직 소멸되는 것은 시간과 스트레스일 뿐이다. 탈성장의 데팡스는 오히려 기관의 효율을 낮추고 에너지의 사용 자체를 줄이는 소비의 사보타주(abotage, 태업) 같은 방식은 아닐까?* 합산되지 않는 저항들의 미시적 운동이 다른 기계들과 공명을 이루는 방식은 아닐까? 개인은 더 이상 시간을 상품의 소비로 소모하지 않고 최소한의 에너지와 물질을 완벽하게 소비하는 방식으로 행복과 평화를 얻을 수 있지 않을까? 이를테면 사랑 같은 것, 대가 없는 자비 같은 것, 그것이 세상을 구할 수 있지 않을까?

시간은 중요하지 않아. 오직 생명만이 중요하다.**

---

* 내핍이 대안이 될 수 없는 이유는 그것이 무한한 소비의 욕망을 전제하고 있기 때문이다. 데팡스는 상품의 소비가 아니라 완벽한 과잉에너지의 완전연소를 지향하며 결과적으로 평화의 상태를 만들어 낸다. 이는 생산의 영역이 된 자본주의적 소비에 대항하는 사보타주로 작용한다.
** 뤽 베송의 영화, [제5원소] 중에서.

IV.

대담

한밭레츠,
탈성장 시대의
순환공동체*

—한밭레츠 오민우 대표

신승철

* 생태적지혜(2019.7.25 https://ecosophialab.com/).

기후위기와 함께 탈성장 시대가 본격 개막되었다. 성장 대신 성숙을 추구하는 시대이다. 성장이 아닌 성숙의 경제는 무엇일까? 지역화폐를 통해 정동, 돌봄, 살림을 재생시키고 순환시키고 되살림으로써 관계의 성숙을 추구하는 공동체를 고민하게 된다. 대전지역 공동체 한밭레츠는 '두루'라는 화폐에, 돈의 가격이 아닌 서로의 관계가 갖고 있는 활력과 생명에너지를 담아 벌써 20년째 활발히 유통하고 있다. 한밭레츠 오민우 대표를 만나 탈성장 시대의 생태적 지혜로서 지역통화 전략을 들어보았다.

신승철 안녕하세요. 먼저 한밭레츠가 어떤 단체인지 소개해 주세요. 많은 사람들이 이미 알고 있지만, 아직 알지 못하는 사람들을 위해서 말이지요.

오민우 한밭레츠는 대전에 있는 지역통화운동 단체입니다. 한밭은 다들 아시는 것처럼 대전의 옛 지명이고, LETS는 'Local Exchange Trading System'의 약어입니다. '지역통화교환시스템'

이라고 말할 수 있겠네요. 이렇게 이야기하면 뭔가 대단히 어려운 경제용어 같이 느껴질 테지만, 간단히 말해 회원들이 지역화폐를 매개로 해서 서로 간에 노동이나 물품을 교환할 수 있는 공동체 경제입니다. 내가 쓰지 않고 가지고 있던 물품이나 노동력이 있다면 이를 필요로 하는 다른 사람에게 제공하고, 나 또한 다른 사람으로부터 필요한 물품인 노동력을 제공받을 수 있는, 그러니까 일종의 다자간 품앗이 제도라고 할 수 있지요. 예를 들면, 아이가 커서 필요 없게 된 세발자전거나 위인전집을 내놓고, 다른 회원이 만든 수제청이나 밑반찬을 받는다거나, 혹은 컴퓨터에 능통한 회원으로부터 고장 난 PC 수리를 받는 식으로 말이지요. 중고나라나 되살림 가게 같은 시스템들과 분명히 다른 점은, 일정 비율은 반드시 지역화폐로 거래해야 하고, 지역공동체적인 연대의식과 상호신뢰가 바탕이 되어야 한다는 점이지요.

공동체적인 연대의식과 상호신뢰가 바탕되어야 가능한 시스템

신승철 레츠(LETS)가 전 세계적인 운동이라고 알고 있습니다. 각 나라별로 달러나 유로, 엔, 원 등 현실통화가 있는데, 왜 지역통화를 도입하게 되는 것일까요?

오민우 1983년도에 캐나다에 대공황이 닥치는데, 높은 인플레이션으로 인해 일과 재화는 있지만 돈이 없어 지역경제가 마비되는 사태가 벌어집니다. 그때 컴퓨터 프로그래머 마이클 린턴이 "LETS"라는 가상화폐이자 지역교환 기반의 화폐를 통해서 노동력, 일자리, 재화를 순환시키자는 아이디어를 냈습니다. 상호 간의 신뢰를 통해 재화나 서비스를 받은 사람이 가상화폐를 발행해 주었고 그 가상화폐를 믿는 또 다른 사람이 재화나 서비스를 내주었습니다. 현실통화가 기능 정지된 상황에서 지역화폐가 작동할 수 있음이 그때 드러난 것이지요. 현실 국가화폐는, 돈을 사용할수록 중앙은행시스템에 예속되고 사람들은 상대적으로 점점 가난해집니다. 대기업의 이윤이 중앙시스템에 집중되고 중앙과 멀어지는 지역은 상대적으로 왜소해지기 때문입니다. 현실통화의 사용은 공황과 인플레이션이라는 폭탄의 뇌관을 피해갈 수 없습니다. 이에 반해 지역통화는 중앙통화와 달리 이윤이 한 곳으로 집중될 수 없기 때문에 지역 내에서 자원, 부, 일자리가 돌게 만듭니다. 고도로 집약된 에너지가 폭발하듯 현실통화의 중앙집중은 언젠가는 주기적으로 폭발하게 되지만, 지역통화의 사용은 에너지의 집중이라는 현상을 막아 균등한 에너지의 순환을 촉진시킵니다. 그것은 통용되는 지역의 협소함에서 나타나는 현상이기도 하지만, 개인이 발행하는 지역화폐의 성격 때문이기도 합니다. '두루'를 현실화폐로 바꾸지 못한다는, 즉 태환 불가능하다는 점 말이지요. 실제로 어느 한 회원이 과도하게 지역화폐를 많이 모으게 되더라도 그 화폐를 다 쓰거나 새로운 이윤 창출을 위한 자본으로 사용할 수 없습니다. 그래서 그런 경우 자연스럽게 나눔이나 선물의 형태로 다시 순환이 됩니다.

신승철 그야말로 순환의 경제인 셈이군요. 대전 지역에 한밭레츠가 정착된 지 20년이 되었다는 얘기를 들었습니다. 지역화폐로서는 지속된 시간이 긴데, 그 역사에 대해서 궁금해 하는 사람도 있을 것 같군요.

오민우 한밭레츠가 시작된 것은 1999년, 그러니까 세기말이었네요. 시민운동가 박용남 선생이 외국 사례를 대전에 적용해 보면 어떨까 하고 대전지역사회와 대전시민사회 그리고 운동단체에 제안하였습니다. 당시 저는 대학 졸업과 함께 현실통화를 벌려고 천안의 공장에 취직해 있었는데, 대학시절 함께 학생운동을 하던 친구에게 갑자기 불려나가 레츠 창립총회에 참석하였습니다. 저와 마찬가지로 대부분의 사람들이 인맥만으로 소집된 처지였기 때문에 솔직히 '이게 될까?' 싶었는데, 실제로 해 보니 그리 어렵지 않았습니다. (웃음) 그 당시 꿈만 가지고 모인 50여 명의 사람들이 그 꿈을 가지고 지역통화를 발행하여 교환을 하였고, 그 작은 교환들이 시스템을 만들었습니다. 우리 말고도 꿈을 꾸는 사람들이 더 생겼고 조금씩 늘어났습니다. 물론 중앙통화를 완전히 대체할 수 없었지만, 우리는 다른 흐름을 만들었고 그 흐름 속에서 즐거웠습니다. 사람들도 우리의 모습을 보아주기 시작했습니다. 한밭레츠는 큰 성공을 거두지는 못했지만 망하지 않았고, 20년 동안 지역통화를 지켜왔습니다.

신승철 최근 신자유주의와 금융자본주의의 기능 정지가 회자되고 있습니다. 투자 대비 이득, 즉 이자를 획득할 수 없는 상황이 도래한 것이지요. 자본주의는 이자 대신 지대이익을 취하는 플랫폼자본주의로 이행하고 있습니다. 이러한 경향이 한밭레츠에는 영향이 없었나요?

오민우 지역화폐는 아직 우리 삶의 작은 부분만을 차지하고 있습니다. 중앙통화 시스템과 경쟁하면서도, 약하고 작은 빈틈에서 서식합니다. 우리 중 누구도 지역통화만으로 살 수 있는 사람은 없습니다. 하지만 지역통화는 우리로 하여금 중앙의 통화 시스템 속에 갇혀있으면서도 거기에 예속되지 않도록 해주는 일종의 숨구멍과도 같습니다. 들숨과 날숨이 오가는 작은 숨구멍을 통해 생명이 살아가지 않습니까? 최근 회자되고 있는 플랫폼 사업처럼 그 안에서 왔다갔다 놀고 웃으며 즐기는 사람들을 기반으로 사업자만 돈을 버는 방식이 아니라, 한밭레츠는 커먼즈(commons)의 영역을 구축하고 있다는 생각이 듭니다. 커먼즈를 유지하기 위해서 기부와 호의, 작은 노력들이 모여서 유지되고 있습니다. 한밭레츠가 사용하는 통화의 이름은 '두루'입니다. 현실통화 '원'과 유사한 단위로 통용되는 두루는 회원들 간의 구매나 판매 때 현금과 함께 사용됩니다. 처음에는 구매와 판매 때 세금처럼 떼는 방식을 생각했지만 거래량도 적고 너무 징벌적이라는 느낌이 들었고, 무엇보다도 수수료 개념이 커먼즈를 형성하기 어렵다는 판단이 들었습니다. 그래서 작은 회비와 후원금이 모여 운영되고 있고, 이것이 저희만의 커먼즈, 즉 공통적인 것을 방어하기 위한 실천이라는 생각이 듭니다.

믿음과 신뢰의 관계망에서 작동하는 색다른 돈의 작동 양상

신승철 비트코인과 같은 전자화폐가 유행일 때는 어땠는지요? 한밭레츠도 가상화폐일 수 있다는 생각이 드는데…. 블록체인이라는, 개인이 발권처가 되도록 암호화하는 기술이 세간에 회자되었는데, 이에 대해 한밭레츠에서는 어떤 논의가 있었나요?

오민우 비트코인이 파산하고 실패한 과정을 면밀히 응시했습니다. 최근에 페이스북에서 가상화폐를 만들겠다고 하자 각국 정부에서 반대했는데, 그 이유는 국가화폐가 위기에 빠질 것에 대한 두려움이 작용했다는 생각이 듭니다. 페이스북은 이미 국가보다 큰 인터넷 플랫폼이니까요. 물론 가상화폐와 한밭레츠는 형태적으로 비슷해 보입니다. 블록체인에는 상호보증시스템, 즉 암호지갑이 있습니다. 두루의 경우에는 믿음이나 신뢰와 같은 정서적인 암호지갑이 작동합니다. 회원들은 서로의 믿음과 신뢰로 잘 모르는 회원이 발행하는 두루도 믿고 거래할 수 있습니다. 그것은 한밭레츠에 참여하고 있는 관계망에서 작동하는 색다른 돈의 작동 양상입니다.

신승철 신용이 신뢰라는 얘기가 화폐론의 측면에서 매우 특이한 설명 방식인 것 같습니다. 돈은 회계 단위이자 교환 수단이고 가치 저장 수단입니다. 두루라는 돈의 작동 방식이 궁금하군요.

오민우 두루는 부채입니다. 개인이 발권자이기 때문에 누구나 두루를 발행하지만, 발행하는 순간 마이너스 두루가 발생합니다. 이는 공동체의 시작이 부채로부터 시작된다는 점을 의미합니다. 그럼에도 불구하고 그러한 부채는 금융 시스템에서의 부채가 아니라, 공동체에 대한 마음의 빚과도 같습니다. 지자체에서 운영되는 지역화폐의 경우에는 돈을 쓰는 사람은 발권자도 아니고 마이너스로서의 부채를 짊어지지도 않습니다. 심지어 더 많이 축장(蓄藏)할 수 있다고 생각하기도 합니다. 그 이유는 현금으로 태환(兌換)이 가능하기 때문입니다. 이러한 지자체에서 운영되는 지역화폐와는 달리 두루는 태환이 불가능합니다. 두루는 돈과 태환이 안 되기 때문에 국지적인 공동체 자체의 약속이자 믿음이라는 보이지 않는 가치와 관련되어 있습니다. 회원 탈퇴 시에는 남은 두루는 기부됩니다. 동시에 마이너스 두루는 죄다 갚아야 합니다. 즉 역태환밖에 없습니다. 죽으면 갚을 필요가 없지만, 탈퇴 시에는 갚아야 한다고 해서 "한번 해병은 영원한 해병이다"라는 무시무시한 슬로건이 연상된다는 사람도 있습니다.(웃음) 물론 채권추심은 절대 없습니다. 그저 공동체에 대한 빚으로써 책임감을 느끼는 마음에 기반하기 때문입니다. 어쩌면 두루는 공동체에 수많은 빚을 지고 있는 우리의 삶과 통하는 바가 있습니다.

신승철 프랑스 철학자 바타유는 잉여로서 주어지는 과잉에너지의 폭발양상으로서의 축제, 관혼상제, 파티, 여행 등에 대해서 얘기합니다. 한밭레츠에는 혹시 이러한 과잉에너지가 폭발되는 축제는 없나요?

오민우 과잉에너지가 폭발되는 축제와 파티는 공동체마다 있기 마련입니다. 저희 한밭레츠에서 고도로 집중되어 있는 에너지와 활력을 폭발시키는 자리가 바로 품앗이 만찬입니다. 보통 음식을 준비하고 요리도 하지만 포트락파티 형태로 열립니다. 음식을 나누면서 수많은 이야기 구조가 발생하고 미각의 재미와 더불어 즐거움이 공동체에 유통됩니다. 품앗이 만찬이라는 얘기에 벌써 어깨가 들썩이는 사람도 있을지 모르겠네요.

또 다른 놀이로는 두루 경매가 있습니다. 릴레이로 진행되는 경매는 두루를 열심히 모은 회원들의 축제입니다. 현실통화 권력자들의 놀이인 경매 시스템을 두루로 작동시킬 때 우리는 전혀 다른 권력놀이를 즐길 수 있습니다. 물론 두루가 넉넉한 자가 유리하지만 개인이 얼마든지 마이너스 두루를 발행할 수 있는 레츠에서는 누구나 큰 권력을 만들 수가 있습니다. 가진 것이 없어도 큰 소비를 감행할 수 있습니다. 그렇게 만든 빚은 언제든 갚을 수 있습니다. 내놓을 재화가 없으면 봉사로 큰 두루를 벌 수 있습니다. 가장 많은 빚쟁이인 레츠 등록소가 가장 큰 손으로 넉넉히 두루를 주기 때문입니다. 등록소가 그럴 수 있는 것은 연말마다 기부 행진을 벌이는 두루 부자 회원들을 믿기 때문입니다.

신승철 공동체에서는 교육 프로그램도 중요하지요. 레츠에서 하는 교육 프로그램은 어떤 것이 있나요?

자수 품앗이

오민우 품앗이 교실이 운영되는데, 특이한 점은 선생과 학생의 구분이 없다는 점입니다. 어떤 분야에 재능이 있으면 선생이 되고, 다른 곳에서는 학생이 되는 식입니다. 보통 재능기부 형태로 작동하고 두루를 모아서 재능을 가진 선생에게 줍니다. 차 품앗이, 뜨개질 품앗이, 민화 품앗이, 국선도 품앗이 등이 작동되고 있고, 꾸준히 새로운 품앗이가 만들어지고 있습니다.

신승철 비물질재에 대한 접근이 있을 것 같은데, 여기에 대해서 얘기해 주셨으면 합니다.

오민우 물품교환뿐만 아니라 노동력 품앗이도 활발합니다. 같이 놀아주고, 돌보고, 배움을 주고받는 품앗이 등 비물질재로 품앗이는 확장되고 있지요. 지난번에 천하제일 두루 쓰기 경진대회라는 행사를 했는데, 두 팀으로 나누어서 지역화폐 거래의 가능성을 탐구해 보는 브레인스토밍을 했습니다. 두루 사용에 관한 여러 가지 아이디어가 나왔습니다. 했던 거, 하지 않았던 거, 생각했던 거, 상상했던 거 모두 나왔습니다. 같이 영화 보러 가는 것, 이야기를 들어 주는 것, 재능 교환에 대한 다양한 아이디어가 나왔죠. 우승팀에게는 그것을 구현할 두루가 주어졌습니다. 저희들은 상상한 것이 바로 현실인 셈이었습니다. 여기서 우리는 희한한 현상을 발견했습니다. 고양이 산책을 시켜 주자는 거래에 한우로 고양이 간식을 만들어 주겠다는 의견, 그리고 한우로 만든 육포라면 나도 만들어 달라는 사람이 나왔습니다.

거래가 거래를 만들고 여러 거래가 사람들을 묶어 주는 레츠의 이상향을 잘 구현한 팀이 결국 우승을 차지했습니다.

신승철 두루는 어떤 돈이기에 그런 상상력이 발동하지요?

오민우 페미니즘 슬로건 중에 "우리는 연결될수록 강하다"라는 말이 있습니다. 저희 두루도 마찬가집니다. 어쩌면 우리는 이미 연결되어 있지만, 그 연결은 중앙통화를 매개로 한 소비로 한정되어 있기 때문에 강한 중력에 묶여 있는 강압적인 예속입니다. 두루는 그 연결과는 다른, 그러니까 일종의 중심이 없는 연결입니다. 인드라 그물의 물방울들이 서로를 비추듯 옆에 있는 사람과 상호작용하며 마주보는 연결입니다. 두루는 착취하지 않고 약탈하지 않는 돈입니다. 돈을 매개로 한 소비가 아니라, 관계 중심의 매개입니다. 두루는 착취하지 않고도 향유할 수 있게 해 주고, 예속되지 않고도 소속될 수 있게 합니다. 물론 우리의 시스템도 확장을 통해 비대화된다면 현실 사회와 같은 모습이 될 수 있습니다. 그러나 우리가 중앙통화와 다른 흐름을 만들었듯이, 레츠 시스템이 무거워진다면 다시 돌려낼 수 있습니다. 모래성을 허물고 다시 짓는 것이 즐거운 일인 것처럼, 작은 숨구멍과 같은 미세한 틈에서 자라는 이끼나 버섯이 짧은 생명을 여러 번 반복하며 멀리 퍼져가듯이 레츠는 계속 새로워질 것일라 생각합니다.

탈성장을 상상하라

두루의 유통은 돈을 매개로 한 소비가 아닌, 관계 중심의 매개

신승철 흔히들 공동체에 대해 어떤 막연한 기대감과 그 때문에 만들어진 근거 없는 낙관주의와 고정관념이 있지요. 공동체는 늘 행복하고 따뜻하고 평화로운 것이라는 식으로. 하지만 그런 이상적인 공동체는 세상 어디에도 없지요. 한밭레츠에서도 이런저런 우여곡절이 있었겠지요? 그럼에도 불구하고 20년을 지탱해온 힘이 분명 있었을 겁니다. 어떻습니까?

오민우 한참을 생각해도 쉽게 답이 나오지 않네요. 내부적으로 겪었던 많은 문제들이 주마등처럼 스쳐 지나가는데요, 그동안 명확한 비전을 묻는 날카로운 질문들, 의문들이 있었지만 언제나 쉽게 답을 내놓을 수는 없었습니다. 그래도 우리는 멈추지 않았고 살아왔습니다. 그냥 삶을 살았던 것 같습니다. 목표가 분명한 많은 기업과 단체들이 크게 흥하거나 사라지거나 했지만, 우리는 망하지도 않았고, 크게 흥한 적도 없었습니다. 그게 우리가 가진 딜레마이지만, 그래서 쉽게 끝나지 않고 계속되는 것 같습니다. 우리의 삶이라는 마을이라는 게. 그렇게 답할 수밖에 없을 것 같네요.

신승철 확실한 목표나 비전을 바라보며 달리기보다는 멈추지 않고 계속 가는 것이 중요하다는 말씀이신 듯합니다. 우리 삶이 곧 마을이라는 표현이 참 인상적이군요. 마지막으로 기후위기 시대, 생태계 위기 시대에 두루의 역할은 무엇일까요?

오민우 성장 시대에는 모두 부유해지기 위해서 달려갔다면, 탈성장 시대는 더불어 가난해지기 위해서 걸어가는 시기라는 생각이 듭니다. 성장의 과실을 향유하던 시기가 지나고 탈성장 시대는 나눔과 연대의 시대가 열렸습니다. 두루는 더 갖고 있어도 소용이 없습니다. 축장의 욕망과는 거리가 있습니다. 소외된 사람, 약한 사람, 소수자를 관계를 통해서 강하게 만들어줍니다. 두루는 돈이 아닙니다. 그것은 나누고 돕고 내놓고 내려놓는 향연을 위한 촉매제입니다. 레츠는 즐거운 실험입니다. 즐겁게 재미있게 자신이 가진 것을 사람들에게 내놓습니다. 그것은 향연, 축제, 파티가 어울리는 우리의 작은 실험입니다.

신승철 좋은 말씀 감사합니다. 지역화폐는 관계를 통해서 우리가 해낼 수 있는 것들이 참 많다는 점을 알려주는군요. 더불어 탈성장 시대에 어떻게 커뮤니티의 판을 깔지에 대한 아이디어와 지혜도 던져주는 것 같습니다. 너와 나, 우리 사이에서 뜻과 지혜와 아이디어가 지역화폐를 작동시키는 원천이 아닌가 싶습니다. 앞으로도 한밭레츠가 공동체 운동의 좋은 본보기가 되어 주기를 기대하겠습니다. 감사합니다.

V.
우리 주변에 있는
탈성장*

―일상에서 찾아보는 탈성장,
그리고 탈성장에 관한 경험

김영준

* 생태적지혜(2022.4.3 https://ecosophialab.com/).

탈성장과 나

탈성장이란 무엇일까? 내 생각에는 나를 구성하는 요소 중에서 경제적 요소와 성장의 요소 이외의 것을 발견하고 찾아가는 과정이라고 생각한다. 그렇다면 나를 구성하는 요소로는 어떠한 것이 있을까? 정체성, 관계성, 지속성을 꼽을 수 있을 것 같다. 내가 누구인지, 누구와 함께하는지, 그리고 계속해서 나의 나됨을 유지하는 것이다. 경제적 요소, 성장의 요소는 이 중에서 지속성에 해당할 것이다. 물론 지속성 안에는 위기 또는 재난 관리의 요소도 있다.

그렇다면 정체성이란 무엇일까? 정체성은 내가 누구인지를 규정하는 것이다. 나는 개체, 즉 생태학적으로 독립체(entity)이며 이는 물질, 에너지, 정보로 구성되어 있다. 나는 물질이며, 에너지이며, 정보이다. 나의 물질은 일반적으로 몸이라고 표현한다. 에너지는 기(氣)라고 표현하기도 하고, 무의식이 작용하는 역동이기도 할 것이다. 또 생명력이라고도 표현할 수 있을 것이다. 미적 체험이나 사랑의 체험과 같은 것도 에너지라고 할 수 있을 것이다. 정보는 앎이라고 일반적으로 표현한다.

그렇다면 나의 물질인 몸은 무엇일까? 이는 답하기 쉽지 않은 질문이다. 내가 먹은 사과는 나인가, 즉 몸인가? 나의 배설물과 나의 몸에 붙어 있는 먼지는 나인가? 즉, 나와 내가 아닌 몸의 경계는 뚜렷한 듯 보이지만 깊이 들여다보면 명확하지 않다. 면역학의 관점에서 보면 이는 더욱 어렵다. 자가면역질환 등 많은 면역 질환은 몸 안에 있는 요소 중 나와 나 아닌 남에 대한 인식의 오류에서 나오는 것이다. 내 안의 수많은 미생물은 나인가? 수많은 세포는 나인가? 세포 안의 수많은 물질은 나인가? 그것은 실체로서의 내가 아니라는 것이 반야심경의 가장 유명한 구절 색즉시공(色卽是空)의 의미이다.

하지만 몸은 나다. '몸'은 잊히는 경우가 많다. 그러나 다음과 같은 몇 가지 순간에 우리는 탈성장의 계기를 경험하게 된다. 첫 번째는 몸이 일상적인 상태를 벗어날 때이다. 먹을 때, 배설할 때(자연식 화장실에서), 죽고 묻힐 때, 무엇보다 아플 때 '몸은 나'라는 말의 의미를 실감한다. 이러한 깨달음이 우리 주변에 있는 탈성장의 계기라고 할 수 있다.

두 번째는 무의식적 역동이 생겨날 때이다. 아무리 재벌이어도 우울증 때문에 극단적인 선택을 하는 경우가 있다. 즉, 경제적 요소, 성장의 요소로는 해결되지 않는 부분이 있는 것이다. 이를 프로이드는 무의식이라는 개념을 써서 표현하였다. 요즘 상담, 심리치료, 치유 등이 많이 회자된다. 이는 모두 탈성장의 계기라고 할 수 있다.

세 번째는 미적 체험이다. 경제적 요소, 성장의 요소는 미적 체험을 막는다. 〈박카이〉라는 희랍 비극에서는 이러한 미적 체험을 막다 보면 파멸할 수 있음을 경고하고 있다. 미적 체험을 쉽게는 '흥'이라고 할 수 있다. 이러한 흥은 경제적 요소, 성장의 요소가 망각될 때 발생한다. 술은 물질적으로 이러한 경제적 요소와 성장의 요소를 망각하는 한 방법일 것이다.

네 번째는 사랑의 체험이다. 사랑의 체험은 보편적이면서도 궁극적이다. 사랑에 대한 가장 극적이면서도 역사적인 사례는 예수 이야기다. 요한복음서 제14장 34절과 35절에서는 "이제 나는 너희에게 새 계명을 준다. 서로 사랑하여라. 내가 너희를 사랑한 것과 같이, 너희도 서로 사랑하여라. 너희가 서로 사랑하면, 모든 사람이 그것으로 너희가 내 제자인 줄을 알게 될 것이다."라고 말한다. 사랑하기만 한다면 모든 유대 율법이 다 필요 없다는 것이다. 예수의 메시지는 율법, 즉 도덕법칙에서 사랑이란 관계로 나아가는 것이다. 그렇다면 사랑으로 나아가려면 어떻게 해야 하는가? 예수는 사랑을 하는 것이 제자의 표징이라고 했다. 그리고 제자가 되기 위해서는 다음과 같이 해야 한다고 말했다; "그러므로 이와 같이, 너희 가운데서 누구라도, 자기 소유를 다 버리지 않으면, 내 제자가 될 수 없다."(누가복음서 제15장 33절) 이는 경제적 요소, 성장의 요소에 매여 있는 한 사랑을 할 수 없고, 예수의 제자가 될 수도 없다는 뜻이다. 이러한 맥락 때문에 프란치스코 교황은 돈을 '악마의 배설물'이라고 한 것 같다. 예수의 제자가 되는 것이 바로 우리 주변에 있는 탈성장일 것이다.

다섯 번째는 앎의 체험이다. 앎은 내 안에 무언가가 가득 차 있을 때는 일어나지 않는다. 진정한 앎의 사례로는 공자를 들어 말할 수 있다. 호학자(好學者)라고 자신을 칭한 공자의 예로 다음과 같은 것이 있다. 팔일 편에 보면 "공자께서는 태묘에 들어가 매사를 물으셨다. 어떤 사람이 말하였다. '누가 추 땅 사람의 아들이 예를 안다고 하였는가? 태묘에 들어가 매사를 묻더라.' 공자께서 이 말을 들으시고 말씀하였다. '그것이 바로 예이다.'" 공자의 말에 의하면 매사를 묻는 것이 예라고 한다. 소크라테스도 모름을 아는 것이 참된 앎이라고 하고 있다. 앎은 물음에서, 모름에서, 비움에서 비롯한다. 경제적 요소, 성장의 요소는 물음에서, 모름에서, 비움에서 앎이 비롯한다. 앎은 어쩌면 궁극적인 탈성장의 체험일 수 있다.

관계성과 지속성

여섯 번째는 관계의 체험이다. 이는 모든 체험의 근본이 된다. 우리는 종속 영양 생물이기 때문에 독립 영양 생물인 식물이 한 광합성을 통해 생성된 양분을 섭취한다. 생태계라는 관계성이 없다면 우리의 몸은 지속 불가능하다. 이 외에도 모든 정체성의 체험은 '관계성'에 바탕을 둔다. 관계성에 대한 자각의 좋은 예로 석가모니의 가르침을 들 수 있다. 쌍윳다 니까야의 절반의 경(Upaḍḍhasutta, S45:2)을 보면 "언젠가 붓다는 사캬족이 사는 사가라 마을에 머물고 있었다. 그때 아난다가 붓다에게 물었다. '대덕이시여, 곰곰이 생각해 보니 저로서는 좋은 친구를 사귀고 좋은 벗들과 함께 있다는 것은 이 거룩한 도의 절반은 이미 성취한 것이나 다름없다는 생각이 듭니다. 이와 같은 생각은 어떠한지요?' 붓다의 제자들은 스승이 가르친 것을 자기 자신을 통해 생각해 보고, 깨달은 바가 있으면 붓다에게 물어 판단을 구하는 것이 보통이었다. 오늘도 아난다는 평소 스승이 말했던 '선한 벗의 중요함'에 대해 생각한 바를 여쭈면서 가르침을 구하였다. '아난다여, 그렇지 않다. 그런 생각은 옳지 않다. 아난다여,

우리들이 좋은 친구를 갖고 참다운 벗들과 함께 있다는 것은 이 거룩한 도의 절반이 아니라 진실로 그 전부를 이룬 것이다."라고 쓰여 있다. 좋은 친구를 갖고 참다운 벗들과 함께 있는 것이 거룩한 도의 절반이 아니라 그 전부라는 깨달음은 중요한 관계 체험이다. 석가모니가 말한 연기(緣起)의 내용도 이와 같은 관계성의 체험에 관한 진리이다.

일곱 번째는 재난 관리에 대한 체험이다. 재난은 크게 전쟁과 자연재해를 꼽을 수 있다. 전쟁은 언제나 가능하다. 그렇기 때문에 언제나 평화를 마음속으로 품어야 한다. 자연재해도 언제나 가능하다. 요즈음의 많은 자연재해가 기후변화로 인해 발생한다. IPCC 보고서에 관심을 가져야 하는 이유이다.

이상의 체험들이 우리 일상 속에 있는 탈성장에 대한 경험들일 것이다. 산책하고, 음악을 듣고, 좋아하는 책을 보고, 음식을 먹으며 친구들과 가족들과 함께하는 것 그리고 우리 일상이 경제적 강박과 두려움으로부터 회복되는 것이 바로 탈성장이 아닐까 생각한다.

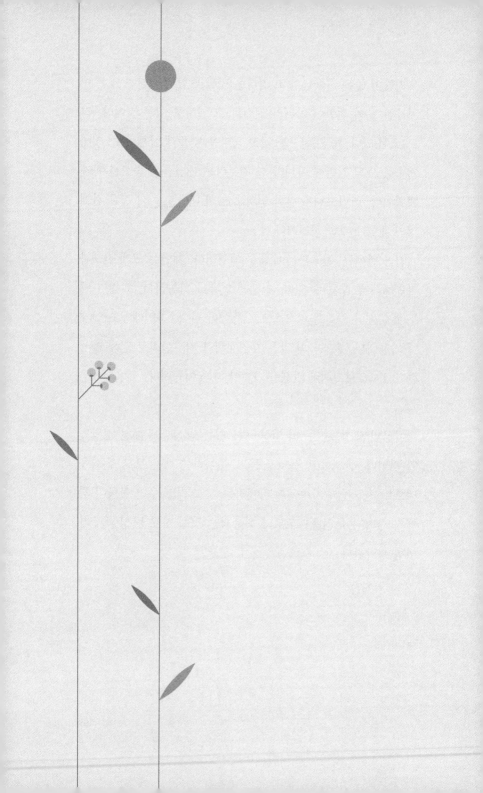

더 읽을
책
─
찾아
보기

더 읽을 책

도넬라 H. 메도즈, 데니스 L. 메도즈, 요르겐 랜더스 저, 『성장의 한계』, 김병
순 역, 갈라파고스, 2021

케이트 레이워스, 『도넛 경제학, 홍기빈 역, 학고재, 2018

C. 더글러스 러미스, 『경제성장이 안되면 우리는 풍요롭지 못할 것인가』, 김종
철 · 최성현 공역, 녹색평론사, 2011

세르쥬 라투슈, 『탈성장 사회 - 소비사회로부터의 탈출』, 양상모 역, 오래된생
각, 2014

클라이브 해밀턴, 『성장숭배 우리는 왜 경제성장의 노예가 되었는가』, 김홍식
역, 바오, 2011

로렌조 피오라몬티, 『GDP의 정치학 - 우리의 삶을 지배하는 절대숫자』, 후마
니타스, 2016

자코모 달리사, 페데리코 데마리아, 요르고스 칼리스 편, 『탈성장 개념어 사
전』, 강이현 역, 그물코, 2018

제이슨 히켈, 『적을수록 풍요롭다 - 지구를 구하는 탈성장』, 김현우, 민정희
역, 창비, 2021

수전 폴슨, 요르고스 칼리스, 자코모 달리사, 페데리코 데마리아, 『디그로쓰』,
우석영, 장석준 역, 산현재, 2021

사이토 고헤이, 『지속 불가능 자본주의 - 기후 위기 시대의 자본론』, 김영현
역, 다다서재, 2021

케이트 소퍼, 『성장 이후의 삶』, 안종희 역, 한문화, 2021

하승우, 『탈성장 쫌 아는 10대』, 풀빛, 2021

찾아보기

탈성장을 상상하라

등록 1994.7.1 제1-1071
1쇄 발행 2023년 6월 5일

기 획   생태적지혜연구소협동조합
지은이   공규동 김영준 김현우 김혜경 김희룡 남미자
          신승철 오민우 이나경 전병옥 조상우 홍덕화
펴낸이   박길수
편집장   소경희
편 집   조영준
관 리   위현정
디자인   이주향
펴낸곳   도서출판 모시는사람들
          03147 서울시 종로구 삼일대로 457(경운동 수운회관) 1207호
전 화   02-735-7173, 02-737-7173 / 팩스 02-730-7173

인 쇄   피오디북(031-955-8100)
배 본   문화유통북스(031-937-6100)
홈페이지 http://www.mosinsaram.com/

값은 뒤표지에 있습니다.
ISBN 979-11-6629-166-1   03300